CD-ROM付き

ナツメ社
教育書ブックス

学級経営にすぐに生かせる！

教室掲示
実践アイデア集

釼持 勉 監修

ナツメ社

はじめに

　「学級経営の基本方針はどのように構築すればよいのか」「教室掲示は年度はじめから必要であることはわかっているが、何をどのような考え方で実践すればよいかわからない」「年度はじめの授業開きとして各教科のビジョンのある教室掲示はどのようにあるべきなのか」「学級担任として教室運営をしていく段階で教室掲示の重要性を認識したが、さらなる創意工夫の方法がわからない」などの声が若手教員から多く寄せられています。このような現場の先生たちの声にある通り、教室掲示は学級担任の学級経営に大きく左右されるものです。

　教室掲示には、子どもの学びを育むための重要な役割があります。その一つとして、教室に子ども一人一人の居場所をつくるものとしての位置付けがあります。掲示を通した交流で子どもの自己肯定感を高め、信頼関係を結び、安心して学べる居場所づくりを行います。

　また、子ども一人一人の学びの集大成につながる役割も担います。日々の継続的な学びであったり、学びの基本的な指針となるものであったり、学級の一員としての存在を示す学びの経過を確認するものであったり、教室掲示は社会生活と一体となってその役割を果たしています。

　学級経営では、教室掲示は学級目標を達成するための手立てとしても大いに活用できます。学級担任は、よりよい学級づくりをしていくための手段として、教室掲示を位置付けています。そのためには、教師が意図的・計画的・継続的に作成するだけでなく、子どもが相互でつくり上げていったり、子どもの個人的な記録としても活用していきたいものです。

　本書『CD-ROM付き　学級経営にすぐに生かせる！　教室掲示 実践アイデア集』は、学級担任として教室掲示の効果を最大限に引き出し、子ども一人一人の居場所になる教室にしていくために、さまざまな創意工夫を講じています。特に、各教科指導における教室掲示の在り方を具体的にビジュアル化して、学校現場の感覚を提示しています。この一冊を参考にして、学級経営のビジョンを生かし、子どもの側に立った教室掲示を実践すれば、明るい教室、学びがわかる教室、自分の役割がわかる教室が展開されるはずです。

　最後に本書を制作するにあたり、協力していただいた先生方、ナツメ出版企画株式会社、ならびに株式会社童夢の皆さんに多大なる尽力をいただきましたこと、お礼申し上げます。

　　令和3年2月

　　　　　　　　　　　　　　　　　　　　　　　　　監修者　釞持 勉

目次

目　次

第5章
ユニバーサル デザインの掲示

第6章
クラスを豊かにする 学級活動と掲示

Column

本書の使い方

本書は小学校の教室や学校内に貼る掲示物のアイデア実例を紹介しています。
付属のCD-ROMには、文字や背景を編集できるテンプレートや、印刷してすぐに使えるカット集も
収録されています。データについては、p.127「CD-ROMを使う前に」をご覧ください。

実例紹介ページの見方

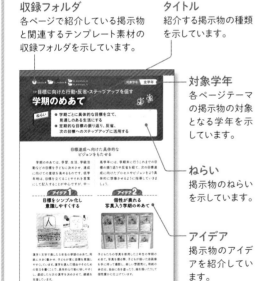

収録フォルダ
各ページで紹介している掲示物
と関連するテンプレート素材の
収録フォルダを示しています。

タイトル
紹介する掲示物の種類
を示しています。

対象学年
各ページテーマ
の掲示物の対象
となる学年を示
しています。

ねらい
掲示物のねらい
を示しています。

アイデア
掲示物のアイデ
アを紹介してい
ます。

素材集ページの見方

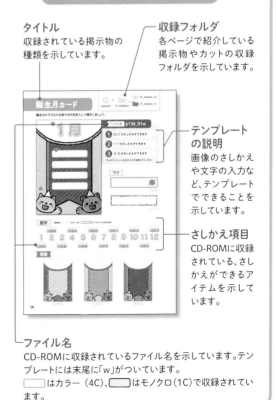

タイトル
収録されている掲示物の
種類を示しています。

収録フォルダ
各ページで紹介している
掲示物やカットの収録
フォルダを示しています。

**テンプレート
の説明**
画像のさしかえ
や文字の入力な
ど、テンプレート
でできることを
示しています。

さしかえ項目
CD-ROMに収録
されている、さし
かえができるアイ
テムを示してい
ます。

ファイル名
CD-ROMに収録されているファイル名を示しています。テン
プレートには末尾に「w」がついています。
□□□□ はカラー（4C）、□□□ はモノクロ（1C）で収録されてい
ます。

教室掲示を学級経営に生かそう

① 教室掲示と学級経営の考え方

　教室掲示は、学級担任が年度はじめにつくる学級経営のプランに基づいて考えましょう。学校生活で毎日目にする教室掲示は、子どもにとって重要な教育的役割を担っています。教室掲示は、学級担任がそのクラスで目指す方向性を明確に示すものであり、子どもたち一人一人の居場所をつくるものとしても活用できます。そのためのプランを最初にしっかり検討しておきましょう。

今月は歯の衛生週間！
子どもたちに生活習慣の
大切さを伝えよう

① 学級経営のプランを反映する

　学級経営の1年間の計画が決まったら、教室掲示で積極的に子どもに伝えていきましょう。たとえば、学級目標の掲示は1年間の学級経営の基本になるものであり、子どもたちがあらゆる場面でこの目標に立ち戻り、行動や言葉、学習に対する姿勢を振り返るための役割があります。学級目標は、多くの学校で、常に子どもたちの目に入る教室の正面に掲示しています。1年を通して重要な役割を担う学級目標は、学級経営のプランと合わせて、学校全体の経営方針の意図も取り入れた目標になるよう意識しましょう。

わたしたちの
学級目標！

❷ 子どもの人権を尊重する

学級運営のプランにおいては、子どもの人権を尊重する意識をもつことが大切です。多くの学校で、人権教育の推進と社会貢献のあり方が教育課程編成の基本方針に組み込まれています。学級担任に人権感覚が十分認識されていない場合、子どもの人権を無視した教室掲示につながりかねません。人権とは、「誰もが生まれながらにもっている権利であり、誰からも侵されることのない権利である」という認識をもち、人権課題が学校教育課程でどのような位置付けであるかをきち

佐藤さんの思いが伝わってよかったですね。

❸ 確かな言語感覚をもつ

子どもたちの話し言葉で、「うざい」「きもい」「ださい」などの乱暴な言葉が日常語として定着してきています。これらの言葉を家庭内だけではなく、学校内でも常用し、言葉の交通整理が十分身についていない子どもも多くみられます。

このような問題に対し、まずは学級担任として確かな言語感覚をもち、学級内で示していくことが必要です。教室掲示においては、子どもの制作物や成果物へのコメントや指導の言葉にも、正しい言語感覚や表現力が求められます。また、子どもたちが相互に意見を書き合ったり、

んと意識しておきましょう。

これらのことは、「子どもの名前の呼び方」や「座席の決め方」「係活動の決め方」などの学級経営としての方向性にも関連します。学級担任と子どもや、子ども同士のコミュニケーションにおいて、お互いに相手を尊重した言動や行動ができるよう、配慮が必要です。たとえば、年度はじめに特に重要なのは、「名前の呼び方」です。学級担任は名前の読み方を指導要録で確かめ、間違えないように呼びます。また、日本語の特性として、「さん」「くん」付けのあとに乱暴な言葉遣いになりにくいことを理解しておき、「さん」や「くん」をつけて呼ぶことを徹底しましょう。これらの人権感覚を必ず意識して、教室掲示を行います。

言葉の使い方に気をつけよう！

自由にコメントを書いたりする教室掲示においても、言語感覚を培う指導は欠かせません。たとえば、教室掲示においては、「ギザギザ言葉」「チクチク言葉」などとネーミングして、乱暴な言葉を書き出し、「ふわふわ言葉」などの気持ちのよい言葉に変換して指導する、などの対応も考えられます。

❹ 教室を安心して学べる居場所にする

教室は、一人一人の子どもにとって自分の居場所です。教室を安全で安定して確かな学びの場にすることが、学級担任の使命といえます。常にこの意識をもって子どもとかかわることで、子どもたちには自分の居場所に対する強い意識が芽生えます。

たとえば、教室内で子どもの鉛筆1本、消しゴムひとつが紛失した場合にも、教師は訴えた子どもの立場になって考え、学級全員ですぐに探すように指示を出すことで、子どもの居場所意識がより確かなものになります。

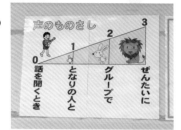

クラスで声の大きい子どもばかりが注目されがちなときは、声の小さな子どもに対して、「先生まで届けよう」というメッセージを伝え、自信をもって発言するために、「声のものさし」などの教室掲示を有効に活用しましょう。

このような居場所づくりのできる学級経営をするためは、次のようなことに留意することが大切になります。

子どもの居場所づくりを意識した学級経営の基本

❶ 子どもの発言を生かして認めること

❷ 間違った発言をしてもよい雰囲気を醸し出すこと

❸ 小さい声の子どもにも、
　強い聞き手意識の子どもたちがいることで自信をもたせること

❹ 生徒指導の問題はその日に解決の道筋を示すこと

❺ トラブルには、臨機応変に対応すること

❻ 話し合い、交流、対話をさまざまな場面で提案すること

❼ 物事の決定に際しては配慮をすること

❽ 人権感覚、言語感覚を基盤として取り組むこと

❾ 人のために役立っていることを子どもに認識させること

❿ 認め合い、支え合い、かかわり合う信頼関係を構築すること

⓫ 「学ぶ力」「学んだ力」「学ぼうとする力」を培う授業の構築をすること

⓬ 「学ぶ喜び」「できた喜び」「やり遂げた喜び」を実感できる実践をすること

⓭ 主体的な学習を目指したゴール設定の取り組みをすること

> 掲示を通して子どもたちに伝えよう!

❺ 教科指導は学びの継続を意識する

　学級経営において、「授業は生命線である」とよくいわれます。学級担任は、学習開きに合わせて各教科の学び方、あいさつに始まりあいさつに終わる一単位時間の流れ、ノートの取り方、話し合いの仕方、話し方・聞き方、学習の進め方、授業中の姿勢、鉛筆の持ち方など、学習状況に合わせてさまざまな指導を行います。教科指導においては、教室掲示を積極的に取り入れて、効率的な学びを進めていくことが欠かせません。

　また、子どもたちが継続して学びを振り返るためにも、前の授業で取り上げた教材、成果物などを取り入れた授業展開も重要です。

　たとえば、国語の授業では前の授業で扱った資料を教室掲示に活用している場合は少なくありません。掲示で振り返りをしながら、つながりを意識して授業を行います。

　体育においては、学習ルールを設定して、それに基づいた説明をしつつ、対戦表を掲示することで、切磋琢磨する人間関係をつくる助けにもなります。こういった教科指導と掲示で、連続した学びの継続を行っていきましょう。

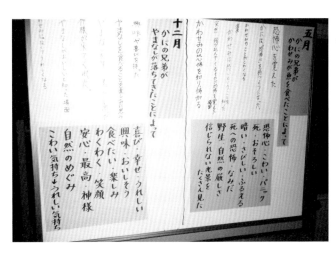

前回の授業の意見を集約した国語の授業の掲示！

前回の授業の振り返り学習ができる算数の掲示！

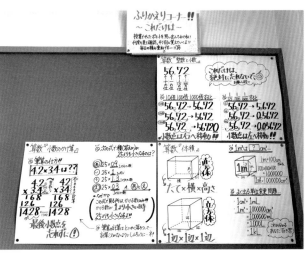

2 学級経営での教室掲示の役割

学級経営を進める中で、教室掲示の役割を知って活用していくことが大切です。学級経営を支える教室掲示の9のポイントを理解した上で、効果的な学級経営を考えていきましょう。

❶ 学びの継続を表す**教室掲示**

教科指導は、学校での中心的な活動のひとつです。その活動の重要なポイントとして、学びの継続性、連続性があります。全教科において、学習内容の振り返りや、継続した学びを集約していくことは欠かせません。授業で行った取り組みを、意図的・計画的・継続的に教室掲示で取り上げていくことが子どもの学びを支援す

ることにつながります。

また、学びの連続性として、学習による成果物によって振り返りを行っていくことも大切です。前回の授業までの成果物を土台として、次の授業展開に役立てましょう。各教科指導には、教科の特性に合った掲示を活用し、板書としても使ったりすることがあります。

❷ 子どもの居場所になる**教室掲示**

担任は、年度はじめには学級開き、授業開きとして、子どもの居場所づくりになる教室掲示をする必要があります。これは、学級経営をしていく中での担任のあり方そのものを示すことにもなります。

たとえば、係活動の掲示物は、係活動を通して子ども一人一人がクラスの一員として役割を担うことを示す掲示になりま

す。日直の仕事内容や氏名の掲示は、当番の子どもがその日の役割をしっかり果たすために行います。

教科指導においても、毛筆書写の掲示物や、理科観察カードの掲示物など、子どもたちそれぞれの成果を認め、継続的に示していくことで子どもの所属意識につながります。

係のお仕事完了！

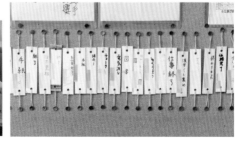

❸ 学習意欲を高める**教室掲示**

　教科指導の成果物として、学習した内容や課題における成果を掲示することは、子どもたちの学習意欲を高めることにつながります。たとえば、社会科の新聞や、図工での制作物、理科の観察記録、長期休み明けの課題などがあります。成果物を掲示することで、子どもが自分の学習の成果を確認・復習し、ほかの子どもの成果にも関心を寄せ、教師からのコメントでフィードバックを得ることで、学習への意欲を高められます。

僕の作品の感想を教えて!

❹ 季節や行事に合わせた**教室掲示**

　学校生活では春夏秋冬の季節やさまざまな週間行事に合わせた取り組みがあります。伝統的な年中行事や、学校行事などを通じて季節を感じられるように工夫すると、子どもの学校生活がより豊かなものになっていきます。また、子どもの関心事を育てることにもつながります。

　日本の生活習慣に馴染みがある読書週間や、社会的にも注目される人権週間も、学校生活、家庭生活の中で意識して取り組めるよう、子どもたちへの啓発になる掲示を行っていきましょう。最近では、人権作文や人権標語などに授業の中で取り組む学校も少なくありません。学校全体で取り組んでいる事柄は、掲示として目に見える形で表すことも大切です。

人権週間

掲示に活用したい行事の例

- 歯の衛生週間　　・環境月間
- あいさつ週間　　・読書週間
- 給食週間　　　　・人権週間

思いやりって大事だね!

❺ 地域や社会と交流する**教室掲示**

学校生活では、地域や社会で生きていくための一人として子どもも主役となる場が必要です。学校では、総合的な学習の時間などの授業で地域の方と交流したり、校外に出て課題学習のために地域で調査したりすることもあります。その成果物として地域の掲示板に展示する機会も少なくありません。地域や社会とかかわり、感じたことや学んだことを教室掲示や校外掲示として発信することで、地域と連携して子どもの豊かな学びを形成します。

地域の方から届いたメッセージも積極的に掲示していきましょう

❻ 子どもが主体になる**教室掲示**

教室掲示は、教師が意図的・計画的に作るものだけではなく、子ども自らが考え作成していくものでもあります。教室掲示を使って子どもが主体となって学級全体に呼びかけたり、意見を聞いたりすることも可能です。子どもが発案して行っている取り組みや、授業などでディスカッションを行ったあとに発展させて、教師から子どもに掲示を使った意見交換を提案してみてもよいでしょう。

❼ 社会性を築く**教室掲示**

教室掲示は、子どもがグループ活動の中で仲間意識をもち、意見を交わし、お互いを高め合っていく人間関係の構築にも一役を担います。グループ学習、班活動、係活動、体育の授業でのチーム分けなど、あらゆる場面でグループ内での話し合いや意見交換、協力して問題解決を行う体験を経て、学んだ内容を教室掲示に反映していくことで、子どもの社会性を築くことにつながります。

子どもは、掲示を見て自分の所属するグループと周りのグループとの違いを認識しながら、日々成長を重ねます。

❽ 学級全体をまとめる**教室掲示**

教室掲示を使って、個人個人の意見や考えを集約し、学級を盛り立てたり、疑問を解決したりすることもできます。教師は子どもの創意をくみ取ったり、解決の道筋をつくったりする手助けをしながら、学級全体をまとめていく必要があります。

たとえば、「学級ポスト」で子どもの自由意見を募り、それを掲示します。掲示してそのままにするのではなく、掲示に対する意見交換を行う場を設けるなど、学級

全体で個人の意見を議論する機会をつくり、学級全体での解決につなげましょう。

❾ 教師の願いを伝える**教室掲示**

教師は、日々の教室掲示を通して、子どもに自分の考える学級経営の見通しや、クラスへの願いを積極的に伝えていきましょう。

学級目標を決める際には、教師の目指す学級経営の方針を子どもたちに示し、それを土台に目標を決めます。また、日々

の生活の中でも、子どもが自立した社会生活を送れるように教師が細かく指導や掲示を行うことも、そのひとつといえます。

教師は、自分が考える学級経営のプランを常に意識し、一貫した指導を行うことで、子どもに思いが伝わる学級経営につながっていきます。

③ 教室掲示で気をつけたいこと

　教室掲示にあたっては子どもや保護者に対する十分な配慮をしましょう。必要であれば、事前に保護者に確認を取り、掲示物によるトラブルのないようにしましょう。

❶ 子どものプライバシーを守る

　自己紹介カードに血液型を記したり、日直の名前をあだ名やニックネームで記載したり、いじめを誘発する掲示物になったりしないよう、配慮しなければなりません。欠席がちな子どもの記名をすることの是非には特に注意が必要です。また、読書感想文などで読んだ書籍名を掲示する際には、子どもの思想・信条に配慮する必要があります。

❷ 言語指導・人権への配慮の徹底

　教室掲示には正誤・適否・美醜にかかわる言語感覚のある掲示物が求められます。作文に書かれている言葉の訂正の仕方に注意し、教師が必ず一人一人にコメントを考えて掲示する必要があります。また、できた・できないにかかわる掲示物については特別の配慮をしなければなりません。特に、いじめにつながる「冷やかし、からかい、悪口」などの言語環境を正しく整備することが学級担任の大きな役目です。

　また、正しい人権感覚をもって掲示を

行うことも大切です。性別、年齢、障害の有無や人種にかかわらず、誰が見ても公平性のある掲示にしましょう。

❸ 競い合う掲示物は避ける

　学級活動として、一人一人がどれだけできたかをデータ化することはあっても、掲示で子どもに劣等感を抱かせることのないよう配慮が必要です。できた分だけを示す表やグラフの掲示によって、意欲が低下し、負担になることのないようにしなければなりません。子ども同士の競い方をどう展開するのか、教室掲示として本当に必要なのかどうかを検討しましょう。

❹ 計画的に行う

　教室掲示は、時期を考え、季節、行事の進行、学習の進行などに合わせて計画的に行いましょう。前月までに計画的な掲示計画をすることで円滑な教室掲示ができます。毎月、月末頃の学級活動などの時間を活用して取り組むようにしてもよいでしょう。このくり返しで、掲示物の充実につながっていきます。

　また、掲示物を保護者が見ることも想定して計画を立てましょう。授業参観や学校公開などで、保護者が掲示を見る際に、見やすく、子どもの成長が感じられるものになるよう意識して行います。

❺ 教室の過ごしやすさに配慮する

　すべての子どもが生活や学習をしやすい環境を整えるための取り組みをユニバーサルデザインといいます。教師は、掲示をする際の教室の環境に十分配慮しましょう。

　たとえば、教室の前面には掲示を少なくしたり、授業中は目に入らないように工夫したり、掲示が子どもの集中の妨げにならないようにしましょう。子どもたちがクラスのルールに沿って行動しやすいよう、掲示で物の収納場所を誘導したり、1日の予定をわかりやすく掲示したりして、子どもの目線や考えに合わせた教室掲示を考えることが大切です。

4 教室掲示のチェックリスト

教室の主な掲示物のチェックリストを紹介します。本書で紹介している掲示物も参考にしながら、学級開きの準備に役立てましょう。リストの掲示物はあくまでも一例なので、すべてを掲示しないといけないということではありません。学級経営の方針に合わせて、必要なものを選びましょう。

常設掲示

□校訓
□学校教育目標
□学年目標
□学級目標（→p.18）
□学期のめあて（→p.22）
□委員会の月別生活目標（→p.46）
□1日の時間割表（→p.23）
□係の活動チェック表（→p.24）
□掃除当番表
□給食当番表
□掃除・給食のルール（→p.27）
□朝の会・帰りの会の活動表（→p.28）
□給食献立表
□日直の仕事（→p.26）
□委員会活動一覧
□学級名簿
□生活班名簿
□校舎配置図

□避難経路
□学級新聞
□通信物（学校だより、学年・学級通信、給食だより等）
□クラスのきまりごと（→p.114）
□靴箱・ロッカー等のネームシール（出席番号シール）
□机・ロッカー・靴箱等の整頓見本（→p.49）
□机・椅子の位置の目印（→p.104）
□自己紹介カード（→p.21）
□誕生月カード（→p.30）
□保健・衛生指導（→p.54）
□朝行うことの流れ（→p.44）
□あいさつ・時間厳守・身だしなみチェックの推進（→p.42・52・56）
□連絡帳などの提出物の提出場所

学習の進行に応じた掲示

□鉛筆の持ち方（→p.33）
□正しい姿勢（→p.33）
□授業の受け方・流れ（→p.32・34）
□声のものさし（→p.36）
□話し方・聞き方（→p.36）
□ノートの取り方（→p.40）
□発表のしかた（→p.38）
□宿題の提出方法・提出期限・提出場所
□学習成果物
□予習・振り返り資料

チェックリストと照らし合わせながら学級開きの準備を進めていくと安心です！

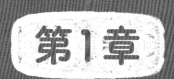

第1章

学期のはじめ・
区切りに行う掲示

新学期は学級経営の基本をつくる重要な時期です。学級目標、学期のめあて、当番や係の掲示など、学級の方向性とルールを定める掲示を活用し、子どもたちに学校生活でのふるまい方を明確に示しましょう。

☞学級の方向性を示し、クラスをまとめる

学級目標

ねらい

● 教師が学級の方向性を明確にする
● クラスの意見をまとめ、
　　一丸となって目標に向かう空気をつくる

教師の願いや学校全体の方針を盛り込む

　学級目標をつくるときは、まず、教師が考える学級経営の方向性を子どもたちに示します。その際、学校全体の教育方針、学年ごとの教育目標を教師がしっかりと理解しておくことが大切です。学級目標には特に、学校単位、学年単位、クラス単位の教育方針が反映されるように意識しましょう。

子どもたちの意見を取り入れて共同案に

　学級目標で大事なポイントは、「クラス全員で考え、決定する」ことです。教師は全員が意見を出せるように話し合いを促し、参加意識をもたせることで、同じ目標に向かう空気をつくりましょう。こうして決まった学級目標は、今後学級内のあらゆる場面で振り返り、活用する、共通の目標となります。

学級経営のヒント

全員で目標を考える工夫を

子どもたちの考えを取り入れるときに、挙手で意見を集めようとすると、一部の子どもの意見に偏ってしまいます。アンケート用紙や、小さなメモ用紙などを配り、全員に「どんな学級にしたいか」を書かせてもよいでしょう。短い言葉でもかまいません。そのあとは、似た意見同士をグルーピングし、キーワードにまとめるよう誘導しましょう。

子どもたちの手形を集めて共同作業

クラス全員の子どもたちと、担任教師の手形を押した紙を使って、学級目標の「絆」の文字の形にしたもの。手形を押す作業を楽しんだあと、共同作業で作り上げるため、思い入れが深まります。手形にカラフルな絵の具を使うため、背景紙や台紙はシンプルにし、学級目標の文字を見やすくしています。

POINT

手形の上には、子どもが友達に対する温かいメッセージを書き、一人一人が大切な学級の一員であることを感じられるようにしています。

全員で協力し、1文字ずつ作って温かみのある掲示に

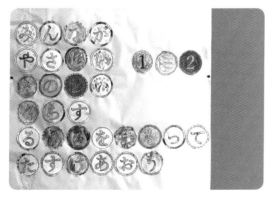

「どんなクラスにしたいか」を全員で考えて作った1年生の学級目標。まだ文字をうまく書けないため、パソコンで作成し、プリントした台紙に、全員で手分けして色を塗ることで、みんなで作った学級目標としての意識を高めています。頭文字の一部を教師の名前からとり、子どもたちが言葉を覚えやすい工夫も。

子どもたちから出た意見を3つの目標にまとめた、3年生の学級目標。台紙に1文字ずつ、子どもたち自身で字を書いて、自由に色を塗ったり、絵を描いたりしたものを組み合わせて作成しています。また、背景紙のふちには、子どもたち全員の自画像を貼ることで、親しみのある学級目標に仕上げています。

子どもたち個人の目標も添えて向上心アップ

大きくプリントした文字を子どもたちが1文字ずつ塗り、いろいろな形に切った紙を貼り付けた4年生の学級目標。学級全体の目標のまわりに子どもたちの自画像と、個人の目標を書いた紙を飾り、全体の目標に向かって個人で努力することを表現しています。

POINT

個人目標は自画像にふきだしをつけ、子ども自身が話しているデザインに。教師の自画像と目標も添えて、クラス全員で頑張る意欲を高めています。

プラス **＋アイデア**

親しみをもてる合言葉やキャラを使っても

学級目標には、子どもたちが覚えやすい合言葉やキャラクターを使ってもよいでしょう。たとえば、虹のように明るく鮮やかで、個性豊か（色とりどり）なイメージが理想であれば「レインボー○○」など、言いやすい言葉を目標に掲げると、あらゆる場面で振り返りや活用がしやすくなります。また、クラスならではのキャラを考え、イラストにして添えると、親しみがわき、そのクラスだけの特別感も演出できます。

☞ お互いを知り、尊重する心を育てる

自己紹介カード

ねらい

- 子どもが得意なことや好きなことを書き出すことで、自分自身の振り返りをする
- 掲示を通し、クラスのメンバーの個性を知り、お互いに理解を深める

よく目に入る場所に掲示しクラスへの所属感を高める

自己紹介カードは新入学生や、進級時の子どもにとって、新しいクラスのメンバーを覚え、互いを理解する助けになります。いつでも確認しやすい教室の側面や背面などに並べて掲示しましょう。

また、自己紹介カードに子どもの写真や自画像などを貼ると、常に教室内に自分や友達の顔があり、さらにクラスへの所属感を高められます。ただし、子どもの顔写真の扱いは慎重に行いましょう。

アイデア

レイアウト自由な自己紹介で個性を表現

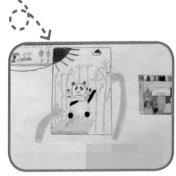

画用紙1枚に、子どもが自由に名前と好きなものの絵を描いたり、写真を貼ったりしています。カードが完成したら、一人ずつこのカードを持ちながら自己紹介を行います。終わった後もしばらく掲示し、友達の顔とカードの内容を一致できるようにしています。

POINT

あえてカードに描く文字を少なくし、自己紹介での質問のやりとりを行いながら、友達への理解を深めていくようにしています。

対象学年 **全学年**

☞目標に向けた行動・反省・ステップアップを促す

学期のめあて

ねらい
- 学期ごとに具体的な目標を立て、見通しのある生活にする
- 定期的な目標の振り返り、反省、次の目標へのステップアップに活用する

目標達成へ向けた具体的なビジョンをもたせる

学期のめあては、学習、生活、学級活動などの目標を子どもに決めさせ、達成に向けての意欲を高めるものです。低学年時は、目標を立てることやそれを言葉にして記入することが中心ですが、中〜

高学年には、学期末に行うこれまでの目標の振り返りや反省を経て、次の目標達成に向けたプロセスやビジョンをより具体的に想像させるように指導していきましょう。

アイデア**1**

目標をシンプル化し意識しやすくする

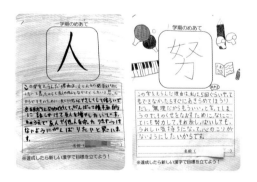

漢字1文字で表した5年生の学期のめあて。用紙に大きく書かせ、子どもが常に目標を意識しやすくしています。漢字を選んだ理由やそのための努力を書くことで、具体的な行動に移しやすくし、達成したら次の漢字を決めさせて、継続を支援しています。

アイデア**2**

個性が表れる写真入り学期のめあて

子どもたちの写真を使用した2年生の学期のめあて。写真を撮る際、子どもが描いた自画像を手に持って撮影し、楽しい雰囲気に。用紙の余白は、自由に色を塗ったり、絵を描いたりして個性豊かに仕上げています。

☞1日の授業の予定や活動の流れを把握する

1日の時間割表

 ねらい

- その日に行う授業や活動の予定を見て、時間前に準備ができるようにする
- 教室移動や授業内容を確認できるようにする

1日の時間の流れを意識した
行動を習慣付ける

低学年の子どもは、1日の流れや時間の感覚がまだつかめないことが多いため、時間割表でスケジュールをわかりやすく伝える必要があります。1時限ごとに教科を示す以外に、朝に行うことや、給食や掃除の時間などもあわせて示してもよいでしょう。

学年が上がったら、時間割表の管理や記入、連絡事項の伝達などを子どもたち自身で行わせることもできます。

アイデア1
パッと見て教室移動や
持ち物がわかる

その日行う活動をホワイトボードにまとめた低学年向けの時間割表。黒板に掲示し、教室移動がある教科は、移動先の写真や担当教師の写真、持ち物の写真を一緒に掲示してわかりやすくしています。

アイデア2
高学年にはシンプルな
掲示でもOK

高学年になると、時間割の感覚に慣れてきます。教科名の頭文字だけを表示するシンプルな時間割表なら、子どもたちだけで管理も可能です。授業の開始時刻を添えて、時間を意識した行動をとれるよう促します。

第1章 学期のはじめ・区切りに行う掲示

23

☞ 子どもたちが分担して学級を楽しく豊かにする

係の活動チェック表

ねらい
- 子どもたち一人一人に役割をもたせ、学級への所属感を高める
- 子どもたちが自らで学級がよくなる活動を見つけ、行動する

自由度の高い係活動で豊かな発想力を培う

係活動は、子どもたちが能動的に学級経営に参画するための活動です。決まった仕事を行う当番活動とは違い、クラスを楽しくするための活動のアイデアを子どもたちから募り、内容も子どもたち自身で考えて進めていくことが大切です。係活動にからめてイベントを開催してもよいでしょう。

係活動が学級に正しく機能するよう配慮を

子どもたちが自由に行う活動であるぶん、一部の子どもが負担に感じていないか、子どもが作る新聞やゲームに人権にかかわる発言や行動がないかなどを教師がしっかりとチェックしましょう。また、子どもに任せきりにはせず、活動報告の場を設けたり、学級でアンケートをとり、活動の改善を行ったりしましょう。

学級経営のヒント

「学級が楽しくなるための活動」を意識して

係活動を決めるときは、義務的な印象にならないよう、「楽しくなる」「面白くなる」「みんなが喜ぶ」などの明るい言葉を使ってアイデアを集めましょう。学級内でのことに限らず、子どもたち個人個人がうれしかったできごと、楽しかったできごとを報告させ、「どんな行動をしたらその気持ちになれるかな?」と考え方を提示してみてもよいでしょう。

活動確認システムで意欲を高める

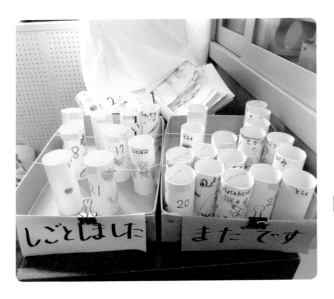

紙筒に子どもたちが名前やイラストを描いたものを「しごとしました」「まだです」のボックスに入れ、活動の状況がわかるようにした掲示。活動を終えたら、それを報告できるシステムを作ることで、1年生が自分から進んで係活動に取り組めるように工夫しています。

ボックスの中に糸を張り、スペースを区切ることで、紙筒を倒さず入れられるように配慮しています。

アイデア**2**

ひと目でわかるかんたん
お仕事確認カード

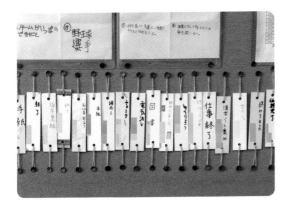

各係の活動を子どもたち一人一人に割り当て、短冊形のカードに名前と係の仕事を、裏に名前と「お仕事完了！」などと書きます。上下に輪ゴムを通し、画びょうで固定して掲示すると、係の仕事が終わった子どもは、カードを裏返すだけで報告でき、ひと目で全員の作業状況が把握できます。

アイデア**3**

子どもたちが使える係活動の
掲示スペース

「クイズ会社」の係がクイズを出し、解答を募集したり、ゲーム係がお楽しみ会で行うゲームの希望のアンケートをとったり、子どもたちが掲示を使って自由に係活動をできるように、教室内の一部の掲示スペースを、係活動に使用できるようにしてもよいでしょう。

対象学年　全学年

☞責任をもって当番の仕事に取り組む

日直の仕事

ねらい

● 学級の維持のため、クラスのみんなのために
行うべき仕事を理解する
● 責任もって最後まで仕事を行う気持ちを育てる

子どもの責任感を育てる
しくみをつくる

日直の当番活動は、学級活動を維持していくために、学級全員で行う仕事です。子どもがその役割を自主的に行い、継続して当番制の運営ができるよう、教師がしくみを整えましょう。口頭での説明と教室掲示を組み合わせて、日直の仕事の意義、仕事内容、方法、順番の回し方などを明確に示します。日直のペア同士で協力・チェック体制が整うような指導も欠かせません。

アイデア

貼ってはがせる日直の仕事の掲示

短冊形のカードに日直が行う仕事を記入し、上下に薄い磁石を貼り、掲示台紙の磁石に貼り付けられるようにした日直の仕事の掲示。子どもは左から順に仕事をこなし、終わった仕事のカードを裏返していきます。日直の役割が明確になり、自主的に責任をもって仕事をやり遂げるようになります。教師はカードの状態を見てかんたんに確認を行うことができます。

POINT

カードは、子どもがくり返し使うものなので、ラミネートして強度をあげています。

対象学年 **全学年**

☞ルールを守り時間内に協力して仕事に取り組む

掃除・給食の当番とルール

ねらい

- 給食や掃除を決められた時間内でスムーズに行う
- ルールに則り、協力して仕事を行う

守るべきルールとその理由を
くり返し指導する

当番の指導のポイントは、子どもたちに仕事内容やルールの重要性を理解させ、徹底させることです。

給食当番では、食品を扱う際の服装、手洗いなどの衛生指導を日々くり返し行い、安全に配膳や運搬が行われているか確認しましょう。

掃除当番は、清掃用具の使い方から、掃除場所に合わせた掃除方法を、掲示を使ってわかりやすく説明しましょう。

アイデア1

給食ルールをわかりやすく
まとめて掲示して定着化

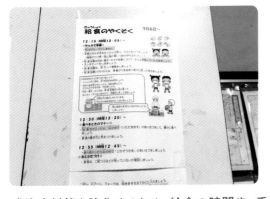

感染症対策を強化するため、給食の時間や、手洗い、白衣の使用方法、食べ方のマナーなどをまとめた「給食のやくそく」を掲示。状況に応じて、給食のルールが変わったときは、口頭の指導と掲示をあわせて行い、定着させていきます。

アイデア2

覚えやすい掃除の
合言葉で効率アップ

「そうじのさしすせそ」として合言葉を示し、子どもが掃除時間内に静かに掃除が行えるように促す掲示。合言葉の確認と合わせて、掃除をしっかり行えたか、月に一回程度教師がチェックをすると、さらに効果が高まります。

第1章 学期のはじめ・区切りに行う掲示

27

対象学年　全学年

☞子どもが中心となり学級経営を行う場をつくる

朝の会・帰りの会の活動表

ねらい
- 1日の学級生活の見通しをもたせ、最後に振り返りを行う
- 全員が当番制で会の進行役を担い、学級経営に携わる

進行役がよい経験になるよう教師がサポート

会の進行役として、たくさんの人の前で話すことは、子どもたちにとって貴重な経験になります。当番制で全員が進行を務めるなかで、声が小さい子や消極的な子も自信をもって取り組めるよう、わかりやすい台本を用意したり、見本を見せたりして教師がサポートを行いましょう。

子どもたちがお互いを認め合える機会をつくる

朝の会で、子どもが短いスピーチをした場合は、終わった後に質問や感想を出せる時間をつくりましょう。帰りの会では、その日の振り返りとして、「今日のよかったできこと」や「友達のよかったこと」などを発表させ、子どもたち同士で互いを観察し、認め合えるようなテーマを設けましょう。

 学級経営の**ヒント**

毎日小さな目標達成で学級をひとつに

学級活動の際に「全員がチャイムの前に着席する」「クラスの友達のよいところを100個見つける」「ロッカーをきれいに整理整頓する」など、小さな目標をいくつか立て、リストアップしておきましょう。目標を達成できた日は、帰りの会で発表し、全員でお祝いをします。学級全体で目標を達成したという意識を共有でき、クラスに一体感が生まれます。

セリフ入りの台本形式で
進行役が安心できる掲示

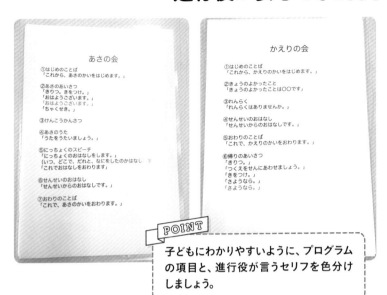

あさの会

①はじめのことば
「これから、あさのかいをはじめます。」

②あさのあいさつ
「きりつ、きをつけ。」
「おはようございます。」
「おはようございます。」
「ちゃくせき。」

③けんこうかんさつ

④あさのうた
「うたをうたいましょう。」

⑤にっちょくのスピーチ
「にっちょくのおはなしをします。」
（いつ、どこで、だれと、なにをしたのかはなし）
「これでおはなしをおわります」

⑥せんせいのおはなし
「せんせいからのおはなしです。」

⑦おわりのことば
「これで、あさのかいをおわります。」

かえりの会

①はじめのことば
「これから、かえりのかいをはじめます。」

②きょうのよかったこと
「きょうのよかったことは〇〇です」

③れんらく
「れんらくはありませんか。」

④せんせいのおはなし
「せんせいからのおはなしです。」

⑤おわりのことば
「これで、かえりのかいをおわります。」

⑥帰りのあいさつ
「きりつ。」
「つくえをせんにあわせましょう。」
「きをつけ。」
「さようなら。」
「さようなら。」

朝の会と帰りの会のプログラムを台本形式にまとめた掲示。進行役の子どもが言うセリフが書かれているので、みんなの前で緊張しやすい状況でも落ち着いて会を進行することができます。クリアファイルなどに入れて両面使いにすると、子どもが手に持って使えるので便利です。

POINT

子どもにわかりやすいように、プログラムの項目と、進行役が言うセリフを色分けしましょう。

プログラムの項目のみを
すっきりまとめる見やすい掲示

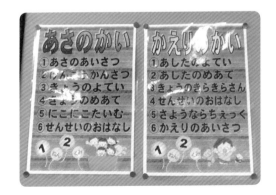

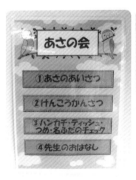

朝の会、帰りの会で行う項目をシンプルに示した掲示。慣れるまでは、進行役の子どもが見ながら行える場所に掲示するとよいでしょう。帰りの会では、「きょうのきらきらさん」として、友達のよいところを発表するなど、子どもたちが明日への希望をもてるような明るい内容を組み込んでいます。

朝の会は、短い時間で行える内容に絞り、ハンカチやティッシュを携帯しているか、身だしなみのチェックなどを行います。帰りの会では、「がんばった人、ほめてあげたい人」の発表で子どもの自己肯定感を上げたり、翌日の持ち物を全員で確認することで忘れ物防止につなげることができるプログラムになっています。

☞特別な日を祝い、子どもの心をつなげる
誕生月カード

ねらい

● 誕生日を祝いあうことで子どもの所属意識を高める
● 子どもが自分の成長を実感し、
　家庭で感謝の気持ちを伝える機会をつくる

互いの誕生日を祝うことで絆を深める

子どもたちの誕生日は1年に一度の特別な日。掲示を使い、友達の誕生日を常に確認できるようにしながら、学級会などでお祝いの場を設けましょう。学校が休みの日に誕生日を迎える子が、祝ってもらえないことが起きないよう、月ごとに数人分まとめてお祝いをするなどの配慮が必要です。また、子どもたちには、お家の方への感謝を伝える日でもあることを指導しましょう。

アイデア1
季節感も楽しめる
誕生月の掲示

その月に誕生日を迎える子の名前を書いた掲示。7月の時季に合わせて、朝顔の折り紙と切り紙で飾っています。子どもが、自分や友達の誕生日を探しながら、その月の季節の風物も感じられる掲示になっています。

アイデア2
所属感を高める
写真入りの誕生月カード

12枚の画用紙に、誕生月ごとに分けて子どもの顔写真を添え、子どもたち自身が好きなイラストを描いた掲示。子どもが自分で掲示物を作ることで、同じ月の誕生日の子を自然に意識して祝い合い、仲間意識をもてるようになります。

第2章

学習のルールを学ぶ掲示

教師は、子どもたちの授業環境も整える必要があります。授業中の姿勢、鉛筆の持ち方、授業の流れ、ノートの取り方など、低学年からしっかり身につけさせることで、学習の定着や質の向上につながります。

☞学習の規律を守り、学ぶ姿勢を整える

授業の受け方

ねらい
- 「授業中のきまり」を理解・定着させてクラス全体が学びやすい環境をつくる
- 教師、クラスの仲間とともに協力し、学習意欲を高める

学習の規律を徹底して指導し学びの環境を整える

授業は、子どもの学校生活の中心です。この時間をどのように過ごすかを、教師がしっかりと指導を行うことで、子どもの学びの成長を促します。まずは、「授業の準備」「授業中の姿勢」「話の聞き方」など、基本的な授業に臨む姿勢を教え、掲示を利用して、定着させることが大切です。

教師自身が見本となるように指導する

教師は、最初に授業のきまりを説明し、クラス全員が協力して学習に臨む姿勢を整えましょう。教師の説明に説得力をもたせるには、教師自身が規律を遵守することが基本です。始業時間前に準備を整えて教壇につく、子どもの話を聞くときは集中するなど、教師が正しい見本となるように努めます。

学級経営のヒント

適度な声かけで子どもに習慣付ける

理解させようと思うあまり、長い説明をしていると、子どもたちは要点をつかみにくくなってしまいます。大切なことはなるべく短い言葉にまとめて指導しましょう。たとえば、教科ごとに用意するものが違うときは「理科の3点セットを用意して」、姿勢の指導をするときは「背中をピン、足をピタ、お腹と背中にグー」など、わかりやすい言葉で伝えましょう。

アイデア **1**

机の上の状態をわかりやすくイラスト化

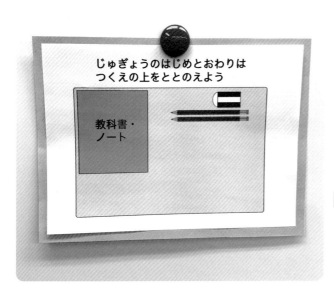

授業前と終わりに机の上の教科書や筆記用具を整えさせるための掲示。机の上の状態をイラストで示すことで、子どもがひと目見ただけでわかるようになっています。最初に、授業ごとに教科書とノートを入れ替えて準備しておくように指導することで、慣れてくると子どもたちが自発的に準備できるようになります。

POINT

写真は右利きの子ども向けですが、左利きの子どもは逆向きに置いたほうが使いやすいことにも配慮し、指導を行いましょう。

アイデア **2**

まねして覚える正しい姿勢や鉛筆の持ち方

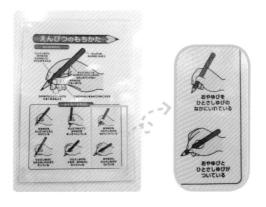

正しい姿勢で座るポイントを3つにまとめた掲示。「ぺったん」「ぐう」「ぴん」と合言葉をつくることで、子どもが覚えやすい工夫をしています。子どもはイラストを見ながらまねをするだけで正しい姿勢を自覚できるようになるので、定期的にクラス全員で一斉に姿勢の確認を行うとよいでしょう。

鉛筆の持ち方は、癖がついてしまうと直すことが難しくなるので、1年生のうちに正しい持ち方を身につけることが大切です。正しい鉛筆の持ち方のイラストとあわせて、よくない持ち方も複数掲載し、子どもが自分でチェックできるようにしましょう。

☞ 授業の順序やめあてを明確にして構造化する

授業の流れ

ねらい
- 定型化した授業展開で子どもが学習の見通しを把握できるようにする
- 学習のゴールを明確にし、目標を達成する喜びを実感させる

学習のめあてを最初に示し期待感をもてる授業展開に

　授業の構成は、最初に掲示を利用して学習のめあてを示し、子どもが学習のゴールを意識しながら取り組めるようにしましょう。

　また、個人学習なのかグループ学習なのかなど、ゴールに向かってどのように学習を進めるかも、最初に示すことで子どもの不安感をなくしておきましょう。

授業のまとめと振り返りで子どもの達成感を後押し

　1回の授業ごとに、「今日のまとめ」「振り返り」を行いましょう。子どもがその日学んだことやできるようになったことを自覚し、満足感や達成感を得ることにつながります。

　また、授業ではワークシートなどの課題を設け、学級の一人一人が成果を感じられるようなしくみをつくりましょう。

学級経営の
ヒント

短時間の活動を組み合わせて子どもの集中力を保つ

　子どもの集中力は15分程度しか持続しないといわれています。そのため、約10〜15分ごとに授業の形態を変化させていくと、子どもの集中力を保ちやすくなります。たとえば、15分講義をしたら、次は15分グループで話し合いをさせ、残りの15分はワークシートを記入させる、などと異なる活動を組み合わせて授業を展開し、メリハリをつけるとよいでしょう。

構造化された黒板で授業のポイントをまとめる

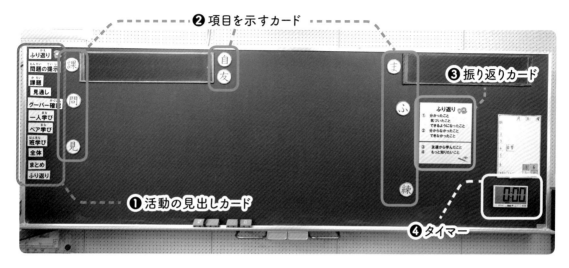

❷ 項目を示すカード

❸ 振り返りカード

❶ 活動の見出しカード

❹ タイマー

算数の授業用の黒板。①授業のめあてや流れを示し、一覧できるようにする見出しカード。②説明中の内容が「練習」「課題」「まとめ」などのどれに当てはまるのかを示すためのカード。③子どもが自ら振り返りを行うためのポイントをまとめたカード。④時間を意識して課題に取り組むためのタイマー。掲示を上手に使い、板書をわかりやすく見せています。

POINT

授業の流れや、作業の手立て、説明している内容の項目が視覚化されることで、授業の構造がわかり、ぐっと理解しやすくなります。

実習の授業ではポイントを
絞って提示する

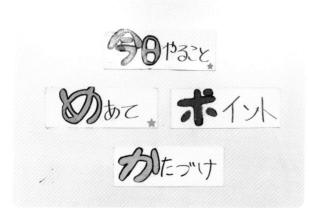

図工の授業の最初に授業の流れを説明するためのホワイトボード。4枚のカードを使って、授業で行うこと、めあて、ポイント、片付けの流れを説明していきます。実習の授業の場合は、限られた時間の中で作品の制作に取り組むため、大事なポイントを端的に伝える工夫が必要です。

POINT

見出しの頭文字を強調すると、パッと見て何を示すのか認識しやすくなります。

☞ 会話によるコミュニケーション能力を向上させる

話し方・聞き方

ねらい

○ 適切な音量で相手を見ながら話せるようにする
○ 相手の話に耳を傾け、質問や共感ができるようにする
○ お互いに話しやすい雰囲気をつくる

会話能力を向上させ 話し合い活動を活発にする

授業では、度々2人〜グループ単位での話し合いを行います。特に低学年の子どもは、話し手として声が小さかったり、聞き手として相手の話を最後まで聞かなかったりします。掲示を上手に活用し、話し方・聞き方の基本のポイントを理解させましょう。会話の質が上がると、話し合いの質も上がっていきます。

アイデア 1

話す楽しさ、聞く楽しさがわかる指導を意識する

「話し方名人」「聞き方名人」として、目標に称号をつけて子どものやる気を刺激し、そのための具体的なポイントを掲示。話し方は、「大きな声」の目安がわかりやすいように、「声のものさし」を一緒に掲示して、ボリュームの調整ができるように意識させています。

POINT

実際に話し合いや発表を行うときは、子どもの目に入る位置に掲示をするか、手元で確認できるようにプリントを配布するとよいでしょう。

子どもたちが考えた話し方・聞き方を掲示

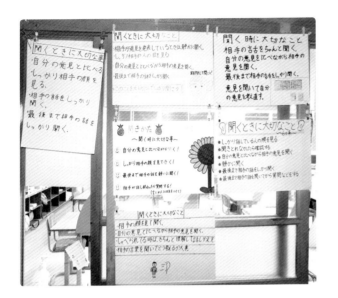

授業を通し、6年生が自分たちで話し方と聞き方のポイントを考え、画用紙にポイントをまとめたものを掲示。掲示を見返して、自分だけでなく、友達が考えたポイントを知ることで、別の視点を身につけられます。

POINT

授業での学習を通して理解したことを、子ども自身が記入することで、主体的にまとめと振り返りができます。

アイデア3

低学年にはシンプルな言葉でポイントを掲示

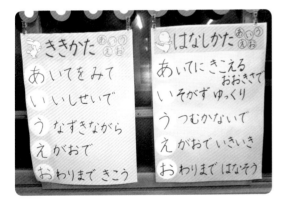

低学年の子どもには、まずは声の大きさ、話すスピード、あいづち、姿勢や表情など、会話の基本的な態度を身につけるために、「あいうえお」の標語にまとめたシンプルな掲示がおすすめです。学年が上がるごとに、話し方・聞き方のポイントもレベルアップしましょう。

アイデア4

具体的な話型を添えて発表にも役立てる

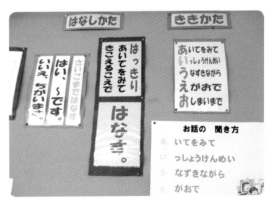

話し方の掲示に「はい、〜です」や「いいえ、ちがいます」など、質問に対する答え方の話型を添えて、発表などの場面にも役立つ掲示にしています。学習のめあてや、単元の内容に合わせて、具体的な話型を示すことで、子どもが発言しやすくなります。

☞大勢の前で自信をもって発表できるようにする

発表のしかた

ねらい

● 子どもが主体的に自分の考えを発表し、
　自分の考えの理由を伝えられるようにする

● 友達と議論を交わし、相手や自分への理解を深める

発表の体験を増やして経験を積ませる

　大勢の前で発表することが苦手な子どもはたくさんいます。その要因は、慣れていない、からかわれないか不安、などが考えられます。こういった不安を取り除き、のびのびと発言できるようにするには、ペアなど少人数のグループ内での発表から始めて、小さな成功体験を積み重ねることが大切です。

学級全体の発表ではやり方を定型化する

　クラス全員の前での発表は、事前に掲示などの資料を使って、発表の流れを明確にしておきましょう。話型のパターンを示すことで、簡潔に意見を言いやすくなります。また、子どもたちの発表を有意義な時間にするには、日頃から「話し方・聞き方」の指導を行い、発表での基本の姿勢を定着させておく必要があります。

アイデア1

発表に至る流れをイラストで示す

じゅぎょうのやくそく

①なまえをよばれたら
大きな声でへんじをする
はい！

②前にでてではなすときは
しずかに立つ

③手をあげるときは
まっすぐにあげる

低学年の子どもには、前に出て発言するまでの流れを示すことも大切です。名前を呼ばれたら大きな声で返事をする、静かに立ち上がるなど、基本的な動作をひとつひとつイラストで示し、定着をはかりましょう。低学年のうちに基本の流れを覚えると、学級全体で発表の場の空気をつくりやすくなります。

POINT

文字だけでなくイラストを添えることで、視覚的に記憶し、行動に移せるようになります。

発言者の立場を分けて 話し合いの構造を見える化

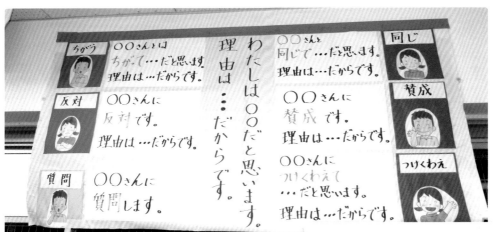

発表での意見の話型を示した掲示。「ちがう」「反対」「賛成」「同じ」「つけくわえ」「質問」など、意見を言う人の立場と話型を一緒に示すことで、話し合いの構造がわかりやすくなります。あらかじめどの立場の人から順番に意見を言うのか、意見が食い違ったときはどうするのか、司会進行の手順を決めておき、司会が言うセリフの話型も決めておくと、話し合いが円滑に進みます。また、意見を言う際のハンドサイン（グー、チョキ、パーで自分の立場を示して手を挙げる）を同時に活用するとよいでしょう。

POINT

話し合いの構造を理解させることで、意見の整理ができ、議論がまとまりやすくなります。

プラス ＋アイデア

過去の発表を振り返る機会をつくる

過去に行った発表の記録や資料を振り返り、そのときの反省点や次回どうするとよい話し合いになるかを子どもたちに考えさせましょう。今までの発表の振り返り自体を議題にして、全体で話し合いを行ってもよいでしょう。発表と話し合いが毎回決まった流れにならないよう、変化があるテーマや活動を行うことが子どもたちの刺激になります。

☞授業内容を整理してまとめ、振り返りができる

ノートの取り方

ねらい

- ◎ 授業内容の構造に合ったノートの取り方を身につけ、自宅での振り返りができるようにする
- ◎ 友達のノートの取り方を見て自分でも工夫できるようにする

ノートに書く内容を意識した板書にする

教師の板書は、授業のポイントでもあります。めあて、進め方、まとめ、振り返りを明確に示し、子どもたちのノートでも同じように記入するよう指示しましょう。ノートを使い、後日、しっかり学習の蓄積と振り返りをできるようにすることが大切です。定期的にノートを回収し、教師からノートの書き方のアドバイスや、工夫して書けている部分に対し頑張りを評価する指導を定期的に行いましょう。

アイデア1

1年生のノート指導は ノートのマス目と同じ板書に

国語の板書の掲示。1年生は、まだノートの使い方に慣れていません。ノートと同じマス目になっている黒板に板書することで、見たままに書き写せるよう工夫しています。

アイデア2

子どもの意欲を高める ノートを掲示

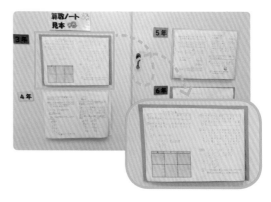

課題提出のノートを見て、参考になりそうな例をコピーして掲示したもの。子どもたちが友達のノートを見て、「自分もわかりやすくノートをまとめたい」と思えるようにしましょう。

第3章

生活のルールを学ぶ掲示

子どもたちは、学校生活を通して、集団での生活習慣や社会的な感覚を学びます。あいさつの徹底、整理・整頓の大切さ、衛生意識の向上など、生活の基本的なルールを教師が積極的に掲示を使って促しましょう。

☞ 人間関係をつくるコミュニケーションツール

あいさつの習慣

ねらい

- 日常のあらゆる場面で意識的にあいさつを欠かさず行い、学校での人間関係を築く
- あいさつの必要性を理解し、社会でのコミュニケーションツールとして活用できるようにする

あいさつでつくる明るい人間関係

あいさつは、学校だけではなく、社会生活においても人間関係をつくるために重要な役割を果たすツールです。話したことがない相手でも、あいさつを交わすことで新たな人間関係をスタートできます。そのため、学校では子どもたちにあいさつを推進し、友達や先生との人間関係づくりを手助けしましょう。

あいさつの意味を理解して意識的に行えるように

ただあいさつを強制させるのでは意味がありません。子どもに「元気にあいさつをされるとどんな気持ちになるかな?」と問いかけ、「気持ちがいい」「うれしい」などのプラスの意見を引き出しましょう。また、掲示やあいさつ運動などを通し、相手に聞こえるように大きな声で言うことも指導しましょう。

学級経営の **ヒント**

子どもが作ったあいさつポスターを教室に掲示

全校で行う「あいさつ運動」や「あいさつ週間」に合わせて、子どもが作成したポスターを積極的に教室に掲示しましょう。友達が描いたイラストが添えてある手作りのポスターなら、子どもたちが興味をもち、あいさつを意識するきっかけになります。デザインの違うポスターを複数掲示することで効果が期待できます。下級生の教室には、上級生が作ったポスターを貼ってもよいでしょう。

アイデア 1

朝のあいさつを促す掲示で
1日を楽しくスタート

朝、学校に来たときにあいさつを促す掲示。1日のはじまりにあいさつを交わすことで、その後のあらゆる場面でも自然にあいさつできるようになります。元気なイラストを添えて掲示しましょう。あいさつを忘れてしまう子には、声かけをしながら掲示を見るよう誘導すると効果的です。

アイデア 2

3つの大切な生活習慣を
標語で意識させる

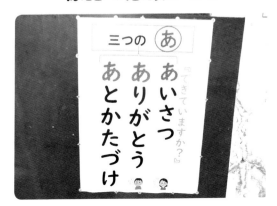

あいさつ、ありがとう、あとかたづけの「三つの⒜」を掲示し、意識してできているかを子どもに確認する掲示。短い言葉で、同じ頭文字の言葉を並べることで覚えやすくしています。教師は「大切な三つの⒜は?」と問いかけて子どもに言わせ、反復して指導しましょう。

アイデア 3

1日のあいさつの言葉の具体例を挙げて掲示

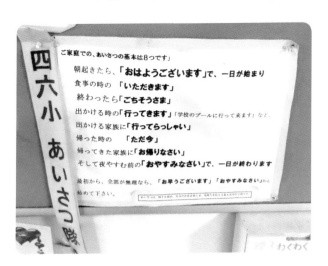

全校で行っているあいさつ運動の掲示。家庭での生活時間も含め、1日に使うあいさつの言葉を使う順番に挙げることで、具体的なシーンをイメージし、子どもが意識して言うことができるようにしています。学校でのあいさつ運動の取り組みを配布資料で保護者に報告する際は、保護者にも家庭での指導をお願いしましょう。

POINT

あいさつの習慣をつけることが大切です。学校生活だけに限らず、普段から自然にあいさつが言えるように掲示でサポートしましょう。

☞低学年の子どもに朝の習慣を定着させる

朝行うことの流れ

ねらい

○ 登校してから行うことの流れを理解し、
　自分から進んでできるように習慣付ける
○ 教師がいない時間に必要な準備をさせる

6年生まで続けられる生活習慣をつくる

　登校して教室に入ったら、持ち物を片付けて前日の提出物を出し、名札をつける、という一連の流れは、学校生活で必ず行うことです。当たり前の生活習慣のようですが、きちんと習慣が身についていなければ、高学年になってもできない子になってしまいます。1年生のうちに覚えさせて習慣付けましょう。

順序立てて掲示することで流れを把握できる

　低学年の子どもには、言葉で説明しただけでは行動できないことが多くあります。教師は、前日帰るまでに黒板に次の日の朝の流れを順番に書いておきましょう。また、使用するもの・行動する場所の写真やイラストを添えることで、子どもが見たままをまねすることができるので安心です。

帰りの会で一緒に確認すると効果がアップ

　翌日の指示を黒板に書く際、帰りの会で子どもたちと一緒に内容を確認するのもおすすめです。掲示を示しながら、子どもと一緒に読み上げましょう。子どもの様子を見ながら、実際に行って練習させ、わからない子に声をかけるように指導することで、全員が協力して覚えられるようにします。ネームカードを貼り出して、「できた」「まだ」を報告させてもよいでしょう。

イラストや写真を使った掲示で
朝の行動が一目瞭然

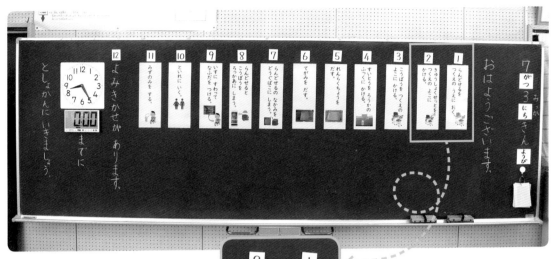

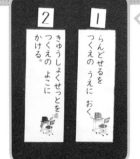

「おはようございます」のあいさつから始まり、朝来たらすることを1から12番まで順番に示した掲示。イラストや写真を添えて、「何」を「どう」するのか細かく説明しています。物をしまう場合は、しまう場所を写真で示すことでわかりやすくなります。

POINT

1年生は、まだ時間を把握することが難しいので、時計の掲示を使い、教室の時計がこの表示になったら行動する、ということをわかりやすく示しましょう。

先生の笑顔のイラストつきで
子どもが安心できる掲示

手描きで先生のイラストを描き、ふきだしをつけて朝行うことの指示を書いた掲示。温かみのある先生の笑顔で子どもを安心させましょう。一度にたくさんのことを覚えるのは難しいので、2ステップのシンプルな指示にしています。慣れてきたら、指示の数を増やしてもよいでしょう。

第3章 生活のルールを学ぶ掲示

☞ 基本的な生活習慣を身につけ規律ある行動ができる

生活目標

ねらい

- あいさつ、整理・整頓、時間を守るなどの生活のマナーを意識して習慣化する
- 将来的な自立を目指し、自ら下級生の手本となる行動をする

くり返しの生活指導で子どもに定着させる

学校や学年全体で毎月出される生活目標は、学校の中ではもちろん、卒業後の社会生活にも重要な基礎を子どもが身につけるためのものです。毎日、くり返して積み重ねる指導が大切です。表面上の指導にならないよう、新しい生活目標が決まったら、クラス全員で読み上げさせるなどの声かけを行いましょう。

高学年には下級生の見本になる行動を促す

生活目標の指導は、子どもの成長に合わせて段階的にレベルアップしていきます。高学年の子どもには、縦割り班での活動などを通し、下級生を助けることができているか振り返りをさせましょう。また、低学年では「どんな5・6年生になりたいか」を子ども自身に考えさせて、細かくリストアップすることも効果的です。

学級経営のヒント

スモールステップの目標も併用して達成に近付ける

学校や学年での生活目標は「毎日あいさつをしよう」「忘れ物をなくそう」など、大きな目標となることが多いものです。学級内で取り組むときは、この目標に向けて具体的に何をするかを考え、短期間に1つずつスモールステップの目標を設定してもよいでしょう。たとえば、「教室に入ったら必ずおはようと言おう」「3日間忘れ物ゼロ」など具体的で小さな目標を立て、毎日教師が成果をチェックします。

高学年の行動規範を10項目でパネル掲示

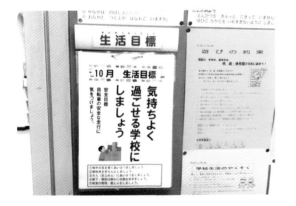

5・6年生向けに、規範となる行動を10項目にまとめた掲示。6年生が「最高学年」であることを意識させるため、タイトルに入れています。生活習慣から心の在り方まで、項目ごとに理想とする行動を細かく掲示し、具体的なイメージをつけさせることで、学校のリーダーとして活躍できるようになることを期待しています。

POINT

読みやすいように模造紙に印刷し、移動式の大きなパネルに貼りつけて、必要なときに教室に掲示しています。

アイデア**2**

学校や学年の目標は定位置に掲示

学校や学年の生活目標は、スペースを決めて、定位置に掲示。月ごとに更新されていくので、リング穴を通すなどして上に重ねていけるようにするとよいでしょう。新しい目標に更新したら、必ず子どもたちに声かけをします。

プラス**＋アイデア**

朝の会や帰りの会で目標達成度を確認

生活目標をただ掲示するだけではなかなか身についていきません。子どもたちに自己評価のアンケートをとり、どのくらい達成できているか割合を出してみましょう。朝の会や帰りの会などの時間を利用して、子どもたちに達成度を発表し、振り返りをしましょう。

☞自主的に身の回りの環境を快適に整えられる

整理・整頓

ねらい

- 持ち物や教室の備品を整理し、使用しやすい状態にしておく
- しまう場所や順番を把握し、紛失、忘れ物などを防止する

物を収納する場所をわかりやすく示す

教室内の道具や、子どもの持ち物の整理・整頓は、道具をしまう場所をあらかじめ決めておくと有効です。教師が口頭で伝えるだけではなく、写真やイラストを使って収納方法を掲示で示したり、ラベルを貼って収納場所を指定したりするとよいでしょう。一度身につければ、子どもたちが自発的にできるようになります。

片付いていないときの不便さを実感させる

整理・整頓の意味を理解させたいときは、実際に手を動かして学ばせましょう。たとえば、「今からコンパスを机の上に出してください」と投げかけ、子どもたちが出す様子を見守ります。「出すのに時間がかかった人がいました。どうしたら早く出せるようになるかな?」などと片付けの必要性を問いかけて考えさせてみましょう。

学級経営の
ヒント

教科書類は教室でファイル保管も

忘れ物防止や、登下校の荷物軽減のために教室のロッカー上などにクラスの人数分のファイルケースを用意して、出席番号のシールを貼り、教科書やノートを保管させてもよいでしょう。ただし、宿題などの家庭学習に必要なものを誤って置いて帰らないよう、帰りの会で持って帰る教科書や配布資料類を伝え、全員で確認するなどの対策が必要です。

道具箱の中身をイラスト化し、しまう場所を示す

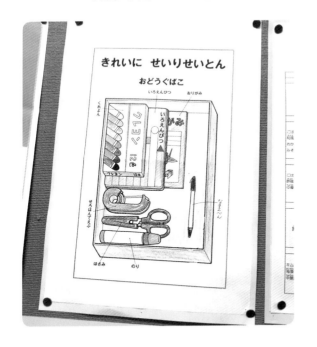

物が乱れやすい道具箱の中身を、しまう位置や順番がわかるようにイラストで示しています。何度も出し入れしていくうちに、だんだん乱れていくため、定期的に「道具箱の中身はこの状態になっているかな?」などと声かけを行いましょう。

POINT

「箱に入ったクレヨンや色鉛筆みたいに大きな平たいものは重ねて入れよう。はさみのように形が違う小さなものは手前に入れよう」など、しまい方を形で覚えさせてもよいでしょう。

整頓された状態を写真に撮り掲示する

靴箱と傘立てがきれいに整頓されている状態を見本として写真に撮り、教室に貼り出しています。正しい状態を視覚化することで、子どもたちは自然にそれと同じ状態を目指すことを意識できるようになります。できていなかったときは、悪い例として隣に写真を貼るとより効果的です。

子どもが描いたごみの分別ポスターを貼る

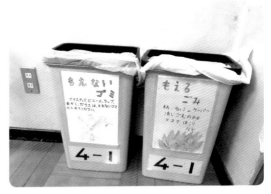

教室のごみ箱に、燃えるごみと燃えないごみ、それぞれにどんなものを捨てるのか、分別を記入したポスターを貼っています。子どもたち自身で作ったポスターなら、愛着がわき、分別に取り組みやすくなります。長く使えるよう、貼る前にラミネートをしておくとよいでしょう。

☞食事中のマナーを向上し、食べ物への理解を深める

食事のマナー・食育

ねらい
- 正しい姿勢でマナーを守って楽しく食事する
- 栄養バランスのよい食事を知り、食べ物に感謝する気持ちを育む

マナーを守って互いに気持ちよく食事の時間を楽しむ

大人になってからの社会生活の中でも、食事のマナーは大変重要視されています。小学生の間に、食事のマナーを身につけ、一緒に食事をする相手と楽しい時間を過ごせるように教師が導きます。正しいマナーが家庭で身についていない子にも、掲示を使ってていねいに指導しましょう。

食べ物を知ることで給食の大切さがわかる

普段何気なく食べている給食が、自分たちの体の成長にどのようにつながっているのかを知ることで、子どもたちの給食に対する意識も変わります。授業や校内活動を通じ、生の食材に触れさせて、食材の種類や栄養を知る取り組みを行うとよいでしょう。

学級経営の ヒント

給食中のトラブルには学級や学年全体で助け合う

給食の配膳中に、こぼしてしまうトラブルは起こりがちです。教師は慌てずに、ケガをしたり、服が汚れたりしていないか確認しましょう。こぼした子や周囲の子のケアをしながら、ほかの子どもに拭き掃除の手伝いやこぼした分の給食の再配膳を的確に指示し、学級全体でフォローする体制をつくりましょう。給食が足りなくなったときの対処法も決めておくとよいでしょう。

食事のマナーをシーンごとにまとめて掲示

食事中のマナーと、食事中の正しい姿勢をイラストでまとめた掲示。マナー違反とされている食べ方を6つの場面ごとに示し、子どもには「一緒に食べる人を不快にさせてしまうよ」と伝えます。また、食べ物を飲み込みやすくしたり、消化しやすくしたりするために、正しい姿勢のイラストのまねをして食べるように指導しています。

POINT

食事のマナーは、家庭内だけの問題ととらえず、掲示を利用して学級内でも適宜指導しましょう。

その日の給食の食材を栄養素ごとに掲示

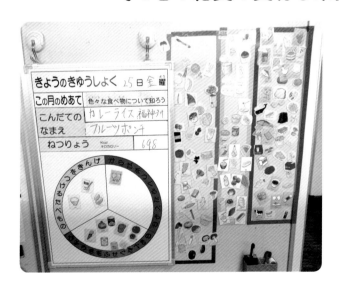

給食室にその日の献立と一緒に使っている食材を掲示。赤色がからだをつくるたべもの(タンパク質・カルシウムなど)、黄色がげんきをつけるたべもの(糖質・脂質など)、緑色がびょうきをふせぐたべもの(ビタミンなど)として栄養素ごとに色分けされた食材カードをたくさん用意し、今日の献立に使っているものを貼り出しています。

POINT

まだ食品の栄養素についてわからない子どもにも、食材カードを栄養素に分けて紹介することで、給食の栄養バランスを理解しやすくしています。

第3章　生活のルールを学ぶ掲示

51

☞ 決められた時間を意識して行動できる

時間を守る

ねらい

○ 時間の感覚を身につけ、意識して行動できる
○ 授業や給食、掃除などの学校生活で、決められた時間内に集合し、完了できる

具体的な対策を子どもと一緒に考える

授業のチャイム前の着席や、給食を食べて片付ける時間など、学校生活では時間を意識した行動が常に求められています。時間に遅れてしまうと、人に迷惑をかけてしまうことがなんとなくわかっていても、できない子もいます。具体的にどう対策すればよいのかを教師が一緒に考え、サポートしましょう。

掲示を使って時間を目に見えるものに変える

実行しやすい対策としては、時計を見る習慣をつけさせることです。低学年でまだ時計が読めない場合でも、時計の盤面のイラストなどを活用して、「時計の針の位置がここに変わるまでにやろう」などと視覚的に感覚をつかめるよう指導します。時間は目には見えないものですが、掲示を使えば見える化できます。

学級経営の ヒント

学級会などの話し合いで改善案を考える

子どもたちが時間を守れない場面が多くなってきたときは、一度話し合いの場を設けましょう。時間を守れなかったときに誰にどんな迷惑がかかったかを振り返り、子どもたちに案を出させましょう。「遅れそうな子に声をかける」「注意する係をつくる」など、子どもたちが協力できる案は積極的に採用し、実行に移せるように教師が指導します。

休み時間の過ごし方を
リストに示しておく

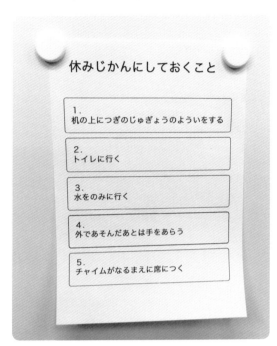

低学年の子どもに向けて、休み時間中にしておくことをまとめた掲示。トイレに行くこと、水を飲みに行くことなど、休み時間明けの授業開始時間に遅れる原因になりそうなことを、事前に注意喚起して予防を促しています。リストにあることがちゃんとできたか、声をかけて確認するようにすることも大切です。

時計の表示をイラスト化して
時間を意識させる

まだ時計の表示がうまく読み取れない子にも、見ただけで時間の把握ができるように、休み時間の始まりと終わりの時刻を時計の表示で掲示しています。子どもたちは、掲示と時計を見比べて、時間を気にする習慣が身につくようになります。

POINT

子どもに親しみやすいように、時計のキャラクターを添えて、チャイムが鳴る前までに席に着くことを伝えています。

＋アイデア

スケジュールの見通しが立てられる
時間予想ゲーム

子どもは、自分たちが行動するときに、どのくらい時間がかかるかわかっていないことも多いものです。教室からの往復にかかる時間を予想させるゲームで時間の感覚を身につけさせましょう。たとえば、「水道」「トイレ」「校庭」などへの往復時間を予想して黒板に書かせます。子どもたちをストップウォッチで測る係と往復する係に分けて、走らず、騒がずに行わせましょう。

☞ 手洗いやうがい、除菌が正しくできる
保健・衛生指導

ねらい
- 正しい手洗い・うがいの方法を知り、感染症を予防する
- 感染症対策の必要性を理解し、学校全体で協力して取り組む

掲示を利用し、徹底して感染症対策に取り組む

学校での集団生活において、インフルエンザや新型コロナウイルス感染症への対策は欠かせません。子どもたちには、正しい手洗いやうがいの指導のために、大きな声を出さずに伝えられる掲示はとても便利です。伝えたい大事なポイントや詳しい手順は、写真やイラストを使ってわかりやすく示しましょう。

学校中のあらゆる場所に掲示して効果アップ

衛生対策を強化したい場所を意識して掲示しましょう。登校時や外から戻ったときに目に入る靴箱や、学校全体の水道、各教室の出入り口などがチェックポイントです。建物の内外で移動をしたあとは必ず手洗いやうがいをするように掲示で促すことで、予防効果のアップが期待できるでしょう。

アイデア 1

わかりやすいイメージ写真で手洗いとうがいを促進

水道の鏡の上に、手洗いの大切さを伝えるため、手を広げた写真にウイルスが付着しているイラストを載せて掲示し、「きちんとあらわなかった」場合の汚さをイメージしやすくしています。あわせて、手洗い・うがいの写真も載せて、しっかりと行うように子どもに促しています。

POINT

感染症対策のため、ハンカチは人から借りずに自分のものを使う注意を添えています。あわせて、ハンカチを忘れないように指導しましょう。

8ステップで行うていねいな手洗いを徹底させる

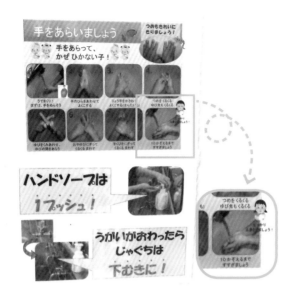

8ステップの手洗いのやり方を写真つきで紹介した掲示。実際に子どもの手で行っているところを写真に撮っているため、わかりやすい見本になっています。ひとつひとつの工程や、手を洗った後にハンカチでしっかり拭くところまでしっかり書くことで、掲示を見ながら子どもがまねをするだけで、ていねいな手洗いが実践できます。

POINT

水にぬれる場所なので、掲示物はラミネートし、1つの蛇口に1枚ずつ掲示していくことで、どの蛇口からでも子どもが見ながら実践できるようにしています。

アイデア3

学校生活の感染症対策をまとめて掲示

学校で実施する新型コロナウイルス感染症への対策をまとめた掲示。いままでの学校生活とは異なるポイントを6つまとめ、これを「あたらしいにちじょう」として定着させるよう取り組んでいます。検温、マスクの着用、換気など、子どもたちが慣れていないことをさせるときは、まず掲示で貼り出すことで定着を図ります。

玄関口に置く消毒液の使い方をイラストで図解

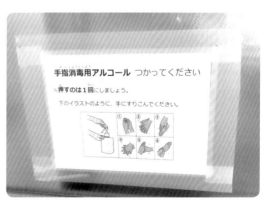

保護者や外部の業者などが出入りする学校の玄関口には、アルコール消毒液と一緒に使い方を掲示しています。子どもたちだけではなく、学校の設備や備品に触れる人にも、掲示を使うことでわかりやすく手指の消毒を徹底してもらうようお願いしています。

☞社会生活で必要なマナーを身につける
身だしなみを整える

- 学校生活や社会生活にふさわしい身だしなみに対する関心を高める
- 身だしなみの整え方を知り、自発的に実践できるようになる

身だしなみのマナーに対する意識を高める

子どもたちの将来の社会生活の充実に向けて、教師は、掲示を利用しながらしっかり身だしなみを整える意識をもたせましょう。身だしなみは、ただのルールではなく、相手を不快にさせないために必要で

あることを強調して指導します。身だしなみを整えるためには、何をチェックすればよいのかを具体的に示すことで、子どもたちの理解につながります。家を出る前に、必ず鏡を確認するように促しましょう。

アイデア

身だしなみのチェック項目を一覧にした掲示

子どもに確認してほしい身だしなみのチェックリストをまとめた掲示。確認項目をまとめて掲示することで、気をつけるべきポイントをわかりやすくしています。子どもが毎日整える習慣をつけることが大切なので、掲示を見せながらくり返しチェックを促しています。朝の会の時間などを使って「朝、家を出る前に身だしなみを確認しよう。どこに気をつければよいかな?」と子どもたちに問いかけ、チェック項目を理解できているか確認してもよいでしょう。

学級だよりなどを使って、家庭での身だしなみの指導もあわせてお願いしましょう。

教科指導の掲示

学びの流れがわかる板書や、授業外の生活の中に学びを取り入れる掲示を活用することで、授業がより効果的なものになるはずです。子どもの主体的な学びにつながる授業展開を考えていきましょう。

☞新しい言葉を覚える楽しさを感じさせる

国語の授業① 文字・言葉の学習

ねらい

● 言葉の読み・書きが正しくできるようになる
● 促音・拗音・長音の言葉を探し、
　発音したり書いたりできるようになる

言葉遊びなどの
ゲーム形式で楽しめる工夫を

まだ学習することに慣れていない1年生には、「〇〇のことばをさがそう」など、ゲーム形式で楽しみながら学習できるしくみを取り入れましょう。文字や言葉は、学んだことを忘れないように授業後すぐに振り返りの掲示を作り、授業時間外にも子どもの目に触れさせることで、定着しやすくなります。

話すことと同時に聞くことも
重視した指導に

1年生は、覚えた言葉をすぐに使いたくて、授業中に勝手に発言し続けてしまうこともあります。教師は、授業を聞く時間と発言する時間をしっかりと分けて指導しましょう。「話し方・聞き方」の掲示なども活用しながら、国語に限らず授業の基本形として、話をしっかり聞ける姿勢を育てていきましょう。

アイデア1

日常的に文字に親しみ、成長を実感できる工夫を

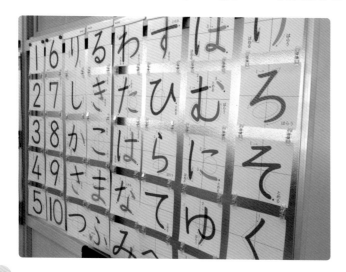

ひらがな・数字のお手本字の掲示。書き順や書き方のコツがわかるようになっています。教室側面に掲示し、授業外の時間にも文字に親しめるようにしています。すでに学習した内容を掲示することで、新しくできるようになったことを子どもが実感できます。また、今後カタカナを学習したら、それも同様に掲示し、学習の積み重ねが実感できるようにしていきます。

集めたことばを掲示して振り返り学習

1年生の授業で促音・拗音・長音を学習したときの掲示。授業で小さな「ゃ」「ゅ」「ょ」「っ」がつく言葉や、のばす音がつく言葉はどんなものがあるか、子どもたちに思いつく限り考えさせて、集めた言葉を掲示しています。子どもたちが授業で習った内容を復習・反復できるように、掲示でわかりやすくまとめています。

POINT

言葉の種類ごとに色分けし、同じ色で該当部分に線を引くことで、ポイントをわかりやすくしています。

アイデア**3**

忍者のキャラクターを使って楽しくポイント解説

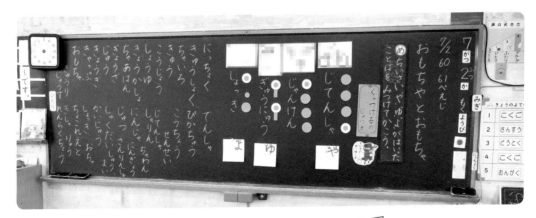

促音・拗音・長音の授業の板書に、忍者のキャラクターの掲示を活用。1年生がつまずきやすい小さな「ゃ」「ゅ」「ょ」「っ」の言葉の表記について、忍者のキャラクターが出てきて、文字を「くっつけるのじゅつ！」の忍術を使って教えてくれます。国語の授業のいろいろな場面で登場します。

POINT

子どもに親しみやすい忍者のキャラクターを使い、「〜のじゅつ」という術名を添えることで、印象に残りやすい工夫をしています。

☞これから学習する単元の見通しをもたせる

国語の授業② 学習計画

ねらい
- 学習の流れを把握し、見通しをもって学習に取り組む
- 学習のゴールを知り、今後の授業に期待感をもたせる

見やすい表にまとめタイトルに期待感をもたせる

学習計画には、各時限の学習のめあてと手立てをまとめ、単元のはじめに子どもたちに示します。表が見やすくなるように、1時限ごとに枠を区切って単元が全何時間で終わるのかをわかりやすくしましょう。めあてや手立ては、子どもが学習に期待感をもてるようなタイトルをつけるように意識しましょう。

子どもが主体的に学べる学習計画を作る

自分の考えを言葉で表現し、物語や説明文を読み解く力をつける学習では、子ども自身の興味・関心を広げる工夫が鍵になります。子どもの主体的な学びにつなげるため、扱う教材の中で、あらかじめ子どもが興味や疑問をもちそうなテーマや表現をピックアップし、思考を深められる学習課題を用意しておきましょう。

アイデア1

学習の見通しと経過がわかる学習計画

1年生の文学的文章教材「おむすびころりん」の学習計画。子どもたちに学習の見通しをもたせるため、各時限ごとのめあてを書き、単元の最初から掲示しています。すでに学んだ分には、ハートのマークをつけることで、どこまで学んだか、これからどんな学習をするのかがわかるようになっています。

見た目で子どもの興味を引く
はじめての学習計画

1年生の説明文教材「くちばし」の学習計画。単元のはじめには、必ず学習計画を子どもたちに示しますが、入学したばかりの1年生にとって、これがはじめての学習計画だったため、興味をもてるように、見た目を鳥の形にして工夫しています。学習がおわった分には花丸をつけていきます。子どもたちは大喜びで、意欲的に授業に取り組んでいます。

POINT

単元のゴールとなる「くちばしくいずをつくってみんなでだしあおう」を目立つようにレイアウトし、最終的な目標を意識させています。

めあてと手立てを色分けしてわかりやすく

1年生の説明文教材「うみのかくれんぼ」の学習計画の掲示。1時限分の枠の中に、青字でめあてを書き、そのための手立てにはそれぞれ番号を振って、順番に記載しています。何を目指して何をするのかが、パッと見てわかりやすいレイアウトになっています。現在行っている手立てには、矢印のマークをつけて、学習の段階が子どもにわかるようにしています。

POINT

授業では、当初から「いきものかくれんぼずかん」をつくることについて何度か触れ、目的意識をもって意欲的に取り組めるよう指導します。

☞登場人物の心情を想像しながら物語を読む

国語の授業③ 文学的文章の学習（低学年）

ねらい

- 物語を読み、あらすじを理解できるようになる
- 物語の展開や人物の心情に合わせて
  音読で表現できるようになる

場面のイメージをつかめる イラストや写真を活用

　低学年の子どもは、文章を見ただけで物語の内容を理解することはまだできません。場面のイメージをつかむために、教科書の挿絵などを掲示し、「この絵は何をしているところかな?」などと質問しながら指導していきましょう。登場人物のセリフはイラストからふきだしを出して書くと、理解しやすくなります。

子どもの語彙を増やし 表現力を養う

　物語文を読んで、自分が感じたことや思ったことをなかなかまとめられない子も多くみられます。教師は、印象に残った場面を聞き、その場面で主人公がどんな気持ちかを子どもに想像させ、気持ちを表現する言葉をいくつか教えるなどして、子どもの表現力の向上を手助けしましょう。

学級経営の ヒント

「要点」を意識した学習を取り入れる

　低学年の国語の物語学習においては、読解力の基礎を身につけることが非常に大切です。読解力が求められる学習では、学年が上がるほど、子どもの能力に差が生まれやすくなります。低学年のうちにしっかり身につけられるよう、授業の中で物語の要点をつかむための「キーワード」を見つけ、あらすじを理解する重要性を伝えていきましょう。

めあての音読発表に向けたポイントをまとめる

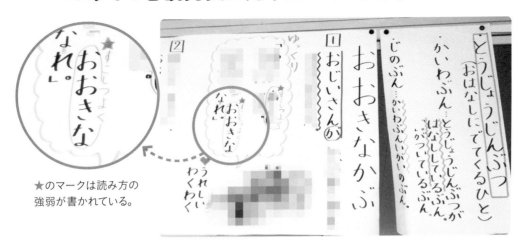

★のマークは読み方の
強弱が書かれている。

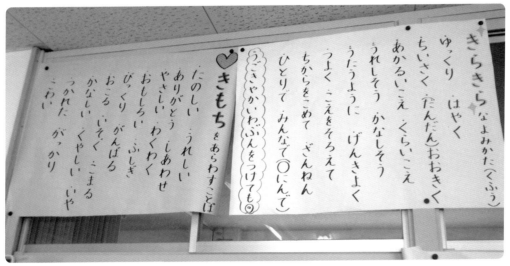

1年生の文学的文章教材「おおきなかぶ」の掲示。事前に子どもたちに知らせている学習計画で、単元の最後に音読発表を予定しており、それに向けて各時限で扱うパートの読みや音読する際のポイントをまとめています。教科書の挿絵を大きくプリントして添え、読む部分のシーンを想像させながら、そのときの登場人物の心情を♥マークに添えて記載しています。心情に合わせた読み方を工夫するように掲示でも意識付けしています。

POINT

掲示に書かれている心情を表す言葉が読み解けるよう、「きもちをあらわすことば」を一緒に掲示。また、上手な音読のヒントになる「きらきらなよみかた」もあわせて掲示し、授業の進行にあわせて同時に学習していけるようにしています。

第4章　教科指導の掲示

63

人物名や接続語に印をつけて言葉の区切りを示す

1年生の文学的文章教材「くじらぐも」の掲示。学習計画で、単元の最後に高学年の子どもたちに聞いてもらう音読劇を設定したため、それに向けた掲示物を作っています。登場人物名のところにはラインを引き、助詞に〇をつけて、子どもが音読するときに言葉の区切りがわかりやすくなるようにしています。

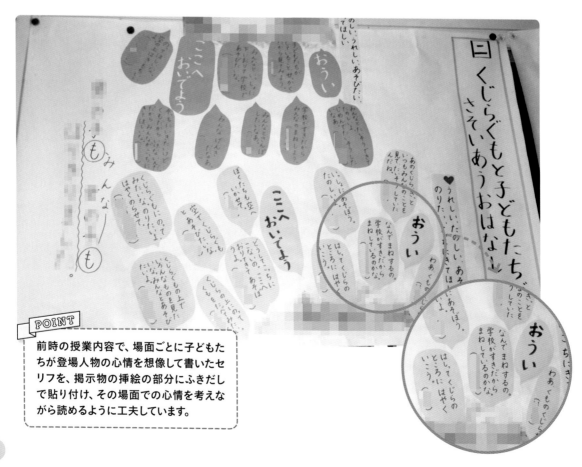

POINT

前時の授業内容で、場面ごとに子どもたちが登場人物の心情を想像して書いたセリフを、掲示物の挿絵の部分にふきだしで貼り付け、その場面での心情を考えながら読めるように工夫しています。

子どもたちの感想を添えた振り返りで理解を深める

POINT

子どもたちは、掲示を見て前時の振り返りをしながら、ほかの子どもの感想を読み、物語への理解を深められるようにしています。

2年生の文学的文章教材「スイミー」の掲示。授業では、学習計画に「スイミーブックをつくってかんそうをまとめよう」を設定し、子どもたちには、場面ごとに物語の設定や登場人物の気持ちの変容を考えさせています。子どもたちの心に残ったことを記入させたものを、教師が掲示に反映しています。

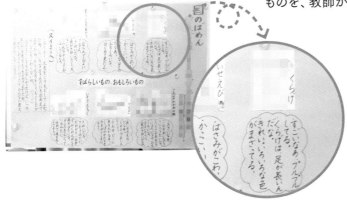

POINT

物語で、主人公の心情が変化するきっかけになった「すばらしいもの、おもしろいもの」に、ひとつひとつ子どもたちの感想を添えて、場面との関連付けを行っています。

プラス ＋アイデア

授業内容を学級活動とリンクさせる

授業でスイミーを学習したことに合わせて、学級内の活動として友達のよいところを見つけて記録することを行い、魚のデザインで掲示しています。授業で学んだ「仲間と協力する」ことと、学級活動をリンクさせ、子どもの心の成長に役立てています。

☞物語の本質をとらえ、自分の考えをまとめて発表できる

国語の授業④　文学的文章の学習（高学年）

ねらい
● 登場人物の心情・動きや場面の情景などの優れた表現に着目して読み、物語の魅力を伝えられる
● 物語の解釈や感想をまとめて発表し、友達と共有して意見交換できる

子どもが集めた情報を一覧にして掲示

高学年の物語文の学習では、時系列や物語の設定、背景、筆者の人物像など、副教材も含めて情報を集め、物語の解釈に役立てる学習を行います。これには、掲示を活用して、子どもがまとめた情報を一覧化するとよいでしょう。単元スタート時の予習や、授業の振り返りにも活用できます。

物語の本質をとらえる表現に着目させる

高学年では低学年時よりも、文章中のより細かな表現に着目して読むように指導します。言葉の正確な意味を理解しながら読み進めるために、国語辞典を活用させてもよいでしょう。優れた表現に対し、自分なりの解釈をまとめて発表・意見交換をする学習を通して、作品の理解を深めさせていきます。

アイデア1

場面や登場人物ごとに読み取った内容を表にまとめる

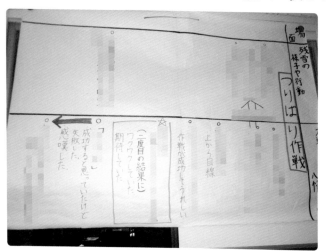

5年生の文学的文章教材「大造じいさんとガン」の掲示。「（ガンの頭領である）残雪の様子や行動」と、「大造じいさんの心情」に分けて、場面ごとに読み取った内容をまとめています。登場人物に分けて表組みにし、時系列順に情報を掲示にまとめることで、場面と心情の変化が視覚的に読み取りやすくなります。

アイデア2

めあての話し合いに向けた段階的な掲示

意見の集約

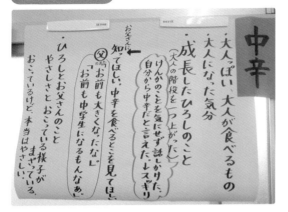
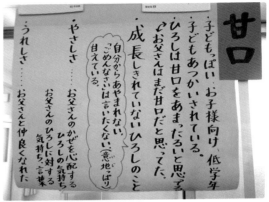

6年生の文学的文章教材「カレーライス」の掲示。子どもが物語中の主人公の気持ちの変容を自分なりに解釈し、学習計画の最後にグループで話し合うというめあてに向けて、授業中に出た意見を掲示に集約しています。

心情の変化の理解

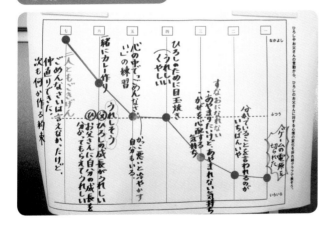

主人公の心情の変化を場面ごとにグラフ化した掲示。場面ごとに起きた出来事や主人公の言動・心情の描写を抜き出し、心情が変化していく様子をわかりやすくまとめています。

POINT

登場人物の心情や状況の変化をグラフ化することで、理解しやすくなります。

話し合いの板書

話し合いでは、①味、②心情、③味＋心情の3つの立場に分け、子どもは名前カードを使って自分が発言する立場を明確にして意見を出し合っています。

作者や作品への理解を深めるための資料を掲示

学習計画

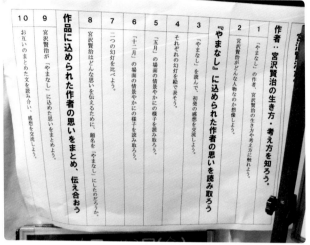

（学習計画表）

10	9		8	7	6	5	4	3		2	1	

作品に込められた作者の思いをまとめ、伝え合おう

- お互いのまとめた文を読み合い、感想を交流しよう。
- 宮沢賢治が「やまなし」に込めた思いをまとめよう。
- 二つの幻灯を比べよう。
- 宮沢賢治はどんな思いを伝えるために、題名を「やまなし」にしたのだろうか。
- 「十二月」の場面の情景やかにの様子を読み取ろう。
- 「五月」の場面の情景やかにの様子を読み取ろう。
- それぞれの幻灯を絵で表そう。

『やまなし』に込められた作者の思いを読み取ろう

- 「やまなし」を読んで、初発の感想を交流しよう。
- 宮沢賢治がどんな人物なのか想像しよう。
- 「やまなし」の作者、宮沢賢治の生き方や考え方に触れよう。

作者：宮沢賢治の生き方・考え方を知ろう。

学級文庫

宮沢賢治のイメージマップ

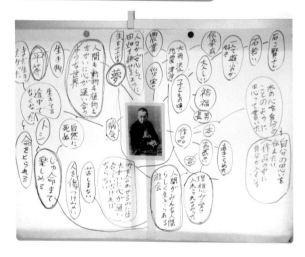

6年生の文学的文章教材「やまなし」の掲示。学習計画では、作者について知ることから始め、文章の読み取り、最後に話し合いを設定しています。また、作者の宮沢賢治についての理解を深めるため、学級文庫に同作者の作品を集めたコーナーを作っています。子どもに並行読書を進めさせ、「やまなし」と比較してまとめた課題を一緒に掲示しています。さらに、子どもと一緒に宮沢賢治のイメージマップを作成し、作者の人物像に迫る工夫もしています。

場面別に整理

物語の中で対比して描かれている「五月」と「十二月」の場面で、子どもが読み取った内容を短冊にまとめ、そこからキーワードを抜き出して、対比の構造がわかりやすいようにまとめた掲示。作品から読み取った情報を整理するために掲示を役立てています。

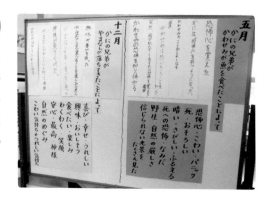

登場人物ごとの視点から物語を読み解く

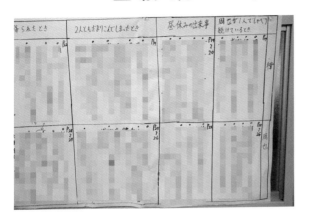

6年生の文学的文章教材「帰り道」の掲示。登場人物の律と周也のそれぞれの視点で場面ごとに心情の読み取りを行い、掲示にまとめました。子どもが物語の全体像をつかむとともに、2人それぞれの気持ちの変容をつかむことに役立てています。

意見交換に向けた掲示

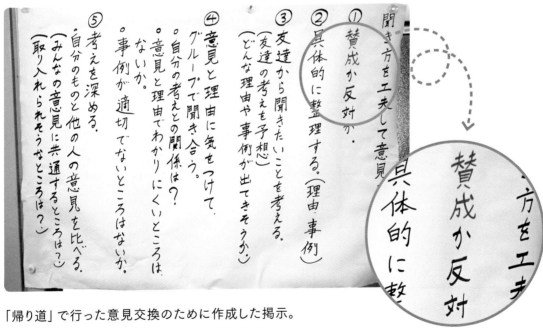

聞き方を工夫して意見

① 賛成か反対か・

② 具体的に整理する。（理由・事例）
（どんな理由や事例が出てきそうか。）

③ 友達から聞きたいことを考える。
（友達の考えを予想）

④ 意見と理由に気をつけて、グループで聞き合う。
・自分の考えとの関係は？
・意見と理由でわかりにくいところはないか。
・事例が適切でないところはないか。

⑤ 考えを深める。
・自分のものと他の人の意見を比べる。
（みんなの意見に共通するところは？）
（取り入れられそうなところは？）

「帰り道」で行った意見交換のために作成した掲示。意見を言う立場を考えること、意見の根拠を示すこと、友達の考えを予想して質問を考えることなど、話し合いの前に個人で検討しておくべきポイントをまとめて示すことで、しっかりと準備を整え、意見交換する意義を高めています。

POINT

話し合いの流れと目的も事前に記載することで、当日に迷わず行動できるよう促しています。

☞文章から情報を収集し、正しく読み取れる

国語の授業⑤ 説明文の学習

ねらい

● 説明文のキーワードをとらえ、
　主旨を正しく読み取ることができる

● 説明文の構成を理解し、
　表現を工夫して自分の意見や感想を書くことができる

文章の構造を理解するために掲示物を活用

説明文を読むには、基本的な型を理解させることが大切です。言葉の説明だけでは伝わりにくいため、掲示を活用し、段落に番号を振ったり、段落ごとに分けた文章を「はじめ」「中」「おわり」などに分けてまとめたりして、子どもが視覚的に文章の構造を理解できるように工夫しましょう。

読むことを通して伝えることも学習させる

説明文の学習では、文章を読み取る力を身につけるとともに、表現を工夫して自身の考えや感想を書く学習もあわせて行います。授業で学んだ文章構成の方法を自己表現に生かすことができているかを意識して指導しましょう。国語以外の教科指導や課題提出物にも、この指導をつなげていきましょう。

アイデア1

説明する項目ごとに表にまとめて掲示

2年生の説明文教材「たんぽぽのちえ」の掲示。場面ごとに「じかん」「ようす」「わけ」の表にまとめて、文章から読み取れる情報を子どもたちが整理できるようにしています。学習のポイントとなる、タイトルの「ちえ」が何を指しているのかは目立つ色の台紙に赤字で記入し、説明文の要旨をとらえることを意識させています。

アイデア2

説明文の構造は身近なものにたとえる

3年生の説明文教材「こまを楽しむ」の掲示。最初に「説明文のひみつ」として説明文の「はじめ」「中」「おわり」の3層構造をサンドイッチにたとえて表現し、子どもにわかりやすく伝えています。学習計画は、「安どうさん（筆者）の頭の中をのぞいてみよう」と題し、子どもの興味を引くタイトルをつけています。

> **POINT**
>
> 文章の構造のように、子どもが理解しにくいことは、身近なものでたとえると指導しやすくなります。イラストを添えてわかりやすく伝えましょう。

アイデア3

筆者の考えが読み取れるヒントを合わせて掲示

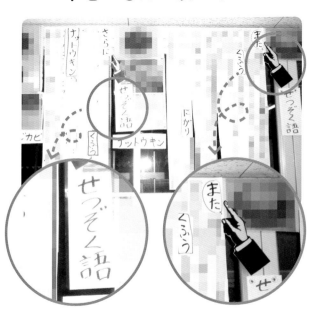

3年生の説明文教材「すがたをかえる大豆」の掲示。段落ごとの要点を短冊にして掲示しています。本文の大豆の加工についての説明で、加工がかんたんな順番に事例を紹介している筆者の書き方の工夫に気づきやすくするために、事例として紹介されている大豆食品の写真を添えて掲示しています。

> **POINT**
>
> 説明文で大切な「接続語」に注目して読めるよう、指差しのアイコンを使用して、接続語の部分を示しています。子どもが文章を書く際に、接続語を活用するように指導します。

身の回りの物を数学的にとらえ、豊かな発想ができる

算数の授業

ねらい

- 数学的なものの考え方や計算ができるようになる
- 図形や数式に親しみ、豊かな想像力を身につける

算数の楽しさを実感できる授業づくりを心がける

算数の授業では、方法を子どもに「伝える」だけではなく、子どもが「楽しんで」取り組める環境をつくることが大切です。たとえば、足し算・引き算の学習は、計算式に当てはまる具体物を想像させたり、実際に手を動かして数えさせる活動を通して、答えがわかる喜びや楽しさを実感させましょう。

学習の積み重ねと振り返りに掲示を活用

算数は、ひとつひとつの単元が独立したものではなく、学びを積み重ね、活用しながら新しい学習に取り組んでいくものです。そのため、すでに学習したことの振り返りや定着がとても重要なポイントになります。掲示を活用し、今後も使用するルールや考え方はくり返し指導するようにしましょう。

 **学級経営のヒント**

「間違えてもいい」を授業の合言葉に

答えに自信がない子どもは手を挙げず、指名されても「わからない」と答えて終わってしまうことがあります。授業の節々で、「教室は間違える場所」などと合言葉のように声をかけ、自信をもった解答を促しましょう。また、答えが間違っていたときは、どうすれば正解になるか、全員で考え、子ども同士でアドバイスを出し合える関係づくりを目指しましょう。

足し算・引き算の基本形と数のパターンを覚える

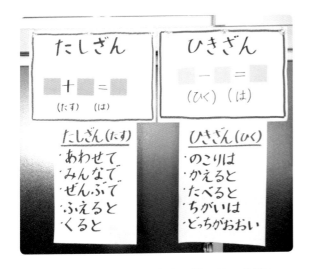

足し算・引き算の掲示。計算方法を学ぶ前の基礎として、「たしざん」と「ひきざん」の式と読み方を掲示し、それぞれの問題文に出てくる言葉を一緒に掲示しています。これを見て覚えれば、問題文の言葉から必要な式を導き出す思考を身につけられます。

POINT

6〜10の数がどの数の合成でできるのかのパターンを一覧にして掲示することで、数の組み合わせを覚え、定着させるための支援をしています。

アイデア**2**

足し算・引き算の内容をイラストで示す

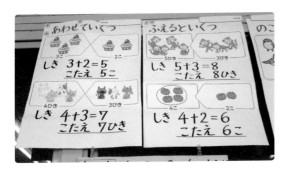

「たしざん」「ひきざん」を具体例で表した掲示。具体物のイラストを添えて表現することで、目で見て数を数え、計算するイメージがつかめます。「あわせていくつ」「ふえるといくつ」など、異なる問題文の例を出すと、どちらも同じ「たしざん」で解けることがわかりやすく伝わります。

POINT

「ひきざん」の掲示には、数が減る場合と、数の違いを求める場合とで、それぞれ●や●を使って示すと、考え方の違いがわかりやすくなります。

足し算にかかわる言葉を1本の木に見立てる

足し算の問題文で出てくる言葉と記号を集めて、「たしざんのき」として掲示。「どんなことばがでてきたら、たしざんをするのかな？ たしざんのきをみれば、よくわかるね。ひきざんのときはどうかな。ひきざんのきをみてみよう」などと声をかけながら指導しています。

POINT

木、鳥など、1年生が親しみをもてるデザインに落とし込むことを意識しています。

実感しにくい単位はくり返し覚えさせる

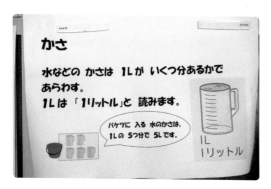

2年生の単元「かさ」の掲示。「長さ」の学習の後の単元ですが、「長さ」に比べて「かさ」は実感しにくいため、くり返し覚えさせるために掲示を活用しています。1L、1dL、10mLの3つそれぞれに掲示を分け、比べて理解しやすいようにしています。

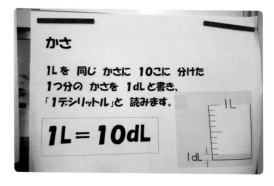

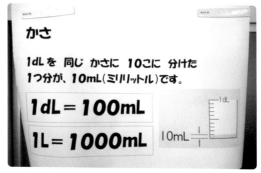

POINT

掲示を見せながら、給食の牛乳や、家庭で飲む水のペットボトルなど、身近なものを想像させて単位を実感させ、定着させていきましょう。

アイデア**5**

デジタル掲示を活用して授業の効率化

プロジェクターでホワイトボードに教科書の一部分を映し出している。ホワイトボードに書き込みができるので、画像に補足した板書が可能に。

算数の授業で行っているデジタル掲示。授業内での学習に用いる掲示物は、従来教科書を拡大コピーして黒板に貼り出す形で行ってきましたが、近年はユニバーサルデザイン化された教科書が増えてきたことから、タブレット型PC、プロジェクターを用いたデジタル掲示物として活用する学校も増えています。算数の教科や教材の特性から、国語よりもデジタル掲示の活用が進んでいる傾向にあります。

POINT

継続的な掲示を行う公式や用語、図形についてはアナログの紙掲示を使用し、授業内での教科書内容や既習事項の確認にはデジタル掲示を使用するなど、使い分けをしています。

アイデア**6**

キーワードを掲示して板書をわかりやすく

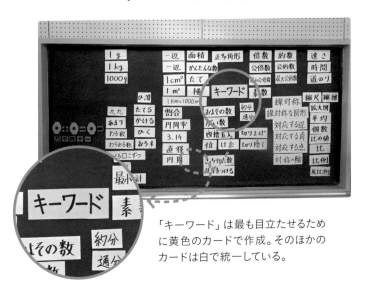

「キーワード」は最も目立たせるために黄色のカードで作成。そのほかのカードは白で統一している。

算数の板書で使用しているキーワードの掲示。授業の板書で、重要な語句や、数式の中で注目すべき内容をカードにすることで、言葉を意識して取り組むことができます。また、キーワードとなる言葉を押さえることで、問題文を正確に読み取れるようになります。

授業で習ったことの振り返りコーナーを設置

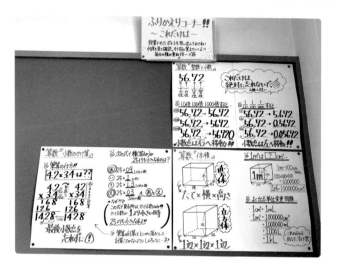

授業で扱った公式、単位、小数点などのポイントをまとめた掲示。「ふりかえりコーナー」として、掲示スペースを設け、単元ごとに「これだけは」忘れないで欲しい内容を掲示しています。間違えやすいポイントにメッセージを添え、振り返り学習を促します。いつでも見ることができるので、子どもたちの復習の意欲も高まっています。

多様な考え方を尊重する掲示

体積を求める公式

直方体の体積＝縦×横×高さ

立方体の体積＝1辺×1辺×1辺

角柱の体積＝底面積×高さ

円柱の体積＝底面積×高さ

面積を求める公式

長方形の面積＝縦×横

正方形の面積＝1辺×1辺

三角形の面積＝底辺×高さ÷2

平行四辺形の面積＝底辺×高さ

台形の面積＝（上底＋下底）×高さ÷2

ひし形の面積＝対角線×対角線÷2

円の面積＝半径×半径×3.14

図形の体積と面積を求める公式を掲示。高学年になると、覚える公式が増えてくるため、シンプルに掲示し、自主的な振り返りを促しています。また、授業で分数の比を小さな整数の比になおす問題を扱った際、4つの解き方を紹介し、その板書を掲示にしています。

POINT

解き方が1つではなく、さまざまな考え方があってよい、という指導を行うとよいでしょう。

4つの解き方を掲示で示す

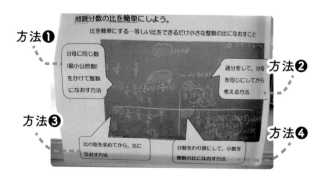

方法❶ 分母に同じ数（最小公倍数）をかけて整数になおす方法

方法❷ 通分をして、分母を同じにしてから考える方法

方法❸ 比の値を求めてから、比になおす方法

方法❹ 分数をわり算にして、小数を整数の比になおす方法

授業にも復習にも活用できる掲示

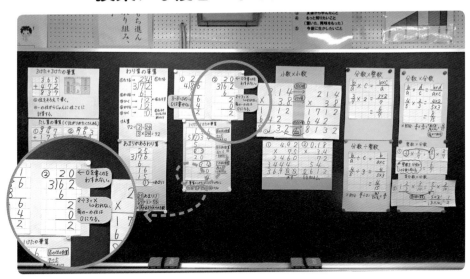

筆算の授業で活用した掲示。筆算の実例と解き方のポイントをまとめています。足し算、割り算、小数、分数の計算でそれぞれ台紙の色を分けてわかりやすくしています。授業で黒板に貼って説明した後、教室の後ろに掲示して振り返りにも使用できます。

POINT

つまずきやすい筆算の方法は、一覧できるように掲示し、学習しながら何度もくり返し学習して身につけられるようにするのがおすすめ。

アイデア**10**

図形の特徴を一覧にして考える

三角形

	線対称	軸の数	点対称
正三角形	○	3	×
二等辺三角形	○	1	×
直角三角形	×	0	×

四角形

	線対称	軸の数	点対称
正方形	○	4	○
長方形	○	2	○
平行四辺形	×	0	○
台形	×	0	×
ひし形	○	2	○

正多角形

	線対称	軸の数	点対称
正三角形	○	3	×
正方形	○	4	○
正五角形	○	5	×
正六角形	○	6	○
正七角形	○	7	×

「対称な図形」の単元で、各図形の「線対称」「軸の数」「点対称」をそれぞれ子どもたちに調べさせ、最後に表にまとめた掲示。調べたことを一覧にして見ることで、正多角形の法則に気づくことができます。

POINT

自分たちの手で調べ、表にまとめることで「気づき」を得られます。主体的な学びを促進し、学習に楽しみを感じられる掲示です。

☞科学的な見方や考え方を養い、自然に親しむ
理科の授業

- 自然に対する関心をもち、予想や仮説をもって観察や実験ができるようになる
- 問題意識をもって検証を行い、客観的に結論を考察できる

安全に配慮し掲示で約束事をまとめる

理科室では、安全のため、学習の進め方や実験方法、服装について、子どもに確実に指導しましょう。教師は、授業の前に必ず予備実験を行い、実験器具や火器の扱い方についても、「理科室での約束」などの掲示を用いて詳しい扱い方や、アクシデントの対応方法をまとめておきましょう。

見通しをもって実験や考察に取り組ませる

子どもは実験をすることがゴールのように感じてしまいがちですが、しっかり考察し、結論を出すまでをめあてとして行動させましょう。そのためには、問題解決のプロセスに沿って、子どもが見通しをもって実験に取り組めるようにする必要があります。教科書の具体例を参考にして、授業での発問と指示を考えましょう。

座席表で子どもの役割分担をスムーズに

理科室では、座席表を明示して、子ども自身がどの机のどこに座っているかを意識させることも大切です。教師は観察・実験の準備や片付けの指示を出すときに、机や椅子の番号で子どもの行動を促します。「今日の実験の安全確認はAとBの席の人、記録はCの席の人」というように、グループ内での役割分担をさせる際も円滑になります。

アイデア 1

理科室での振る舞いをまとめて安全管理を徹底

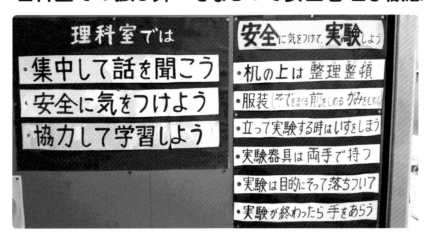

理科室での約束事の掲示。はじめての授業のときは、これらの約束事をしっかり確認し、毎回守れているか教師がチェックしましょう。実験机の上に物が散らばっていると、事故を起こす危険が高まります。服装、机の上、椅子の状態を事前によく確認させましょう。

POINT

理科室での指導は、理科主任を中心として、ほかの教師にも同様の指導が行えるよう、情報を共有しておきましょう。

アイデア 2

実験のルールをいつでも確認できる場所に掲示

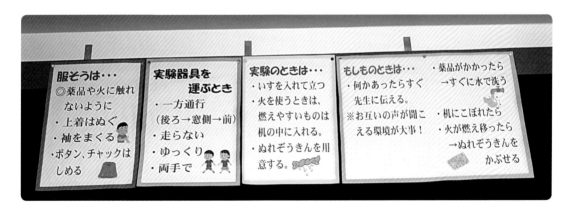

実験中のルールをまとめた掲示。実験中にも見上げて確認できる位置に掲示しています。理科室の中では、子どもがぶつからないよう、移動する方向を一方通行に決めておきます。事故が起きたときにも慌てず対応できるよう、「もしも」のときの行動についても掲示で知らせています。

POINT

教師は机間指導で安全に実験が進んでいるか、子どもの様子に異変がないかをしっかり確認しましょう。

服装や実験の前準備をイラストと写真で示す

安全に実験を行うために必要な服装に関する注意事項や、理科室での学習準備を促す掲示。オリエンテーションで事前に説明している内容ですが、イラストと写真を添えることで、子どもが視覚的に意識することができるようにしています。

主体的な学びにつながる授業の進め方

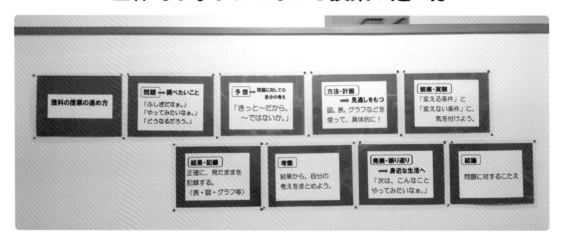

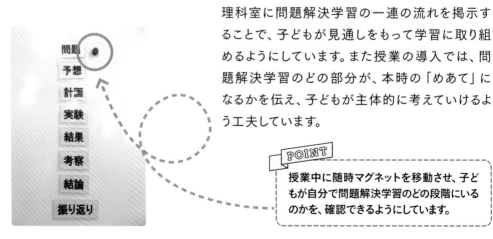

理科室に問題解決学習の一連の流れを掲示することで、子どもが見通しをもって学習に取り組めるようにしています。また授業の導入では、問題解決学習のどの部分が、本時の「めあて」になるかを伝え、子どもが主体的に考えていけるよう工夫しています。

POINT

授業中に随時マグネットを移動させ、子どもが自分で問題解決学習のどの段階にいるのかを、確認できるようにしています。

ノート指導で子どもの思考力を育てる

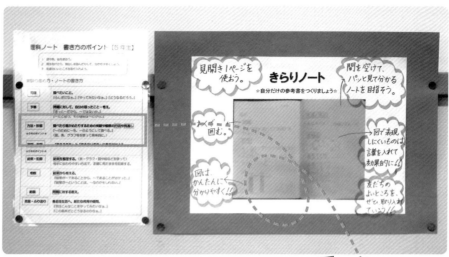

子どもの科学的な思考や主体的な学びを高めるために実践しているノート指導の例。毎回の授業後、子どもに提出させ、お手本になりそうなノートをコピーして「きらりノート」として掲示しています。また、その掲示を使って、前時の振り返りや互いに高め合うためのツールとして活用することもあります。返却の際は、評価の基準を伝え、よりよくするための手立てがわかるようにしています。

POINT

ノートの書き方のポイントを掲示し、お手本のノートと比べながら、よりよいノート作りに役立てられるようにしています。

楽しみながら自然に興味をもてる掲示

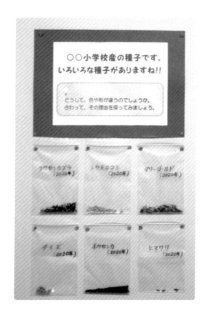

POINT

種子の実物を掲示すると、子どもは興味をもって、掲示をよく観察するようになります。

子どもが日常生活で、学校内の自然を意識したり、自ら問題を発見したりすることができるように、新聞やクイズを掲示しています。また生活科と関連付けながら、低学年の子どもへ向けた仕掛けづくりも積極的に行うようにしています。

☞地域社会について学び、社会の一員として自覚をもつ

社会の授業

ねらい

- 社会や地域への関心を高め、
  自分なりの視点で考察し表現できるようになる
- 地域社会の発展に向けて努力する姿勢や、
  社会の一員としての自覚を養う

身の回りの物や体験から 社会生活を学ぶ

社会科では、日常生活のあらゆるものごとが学習と関連しています。たとえば、方位や地域の学習では、自分が住むまちの特色や生活する人々の暮らしを調べます。日常生活に社会科の学習内容を重ねて指導していくことが、子ども自身を含む社会の在り方を理解することにつながります。

社会的な考察力と 多角的な視野を身につける

社会科では、社会的な知識を身につけることと同時に、問題を見つけて考え、解決に向けた考察ができるようになることがめあてといえます。そのために、話し合い学習を含めた新聞作成などの課題を設定し、自分が調べた物事を違った視点から考え、意見交換できる環境を整えましょう。

アイデア**1**

まとめ新聞作成までの学習計画を掲示

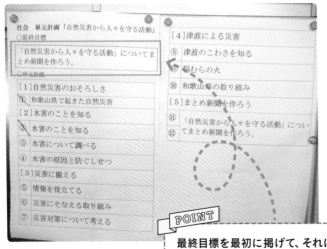

POINT

最終目標を最初に掲げて、それに向けた
学習の流れがわかるつくりになっています。

「自然災害から人々を守る活動」の学習計画の掲示。毎回、学習計画を出し、最終目標とそれに向けた学習の流れを示しています。自然災害について学び、それをふまえて対策を考え、最終的にまとめ新聞を作成することにつなげています。まとめ新聞の作成を通して、子どもが自分で必要な情報を集める力、集めた情報をまとめて発信する力の両面を育てていきます。

授業が進むごとに完成に近づく地図の掲示

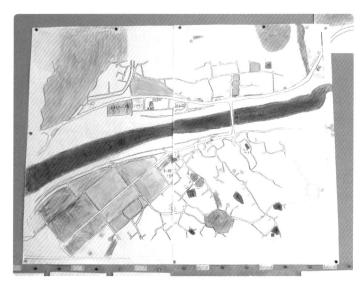

3年生の「校区を調べよう」の学習で使用する掲示。子どもたちが白地図に色を塗り、学校周辺の建物や土地を書き込んでいます。授業の進行に合わせて、方位を調べて地形や交通の様子など特色を観察し、地図上にまとめていく学習を行います。

POINT

校区の特色をつかめたら、他地域との比較や、広域での特色を調べさせるなど学習を発展させていきます。

都道府県クイズで楽しみながら学習意欲アップ

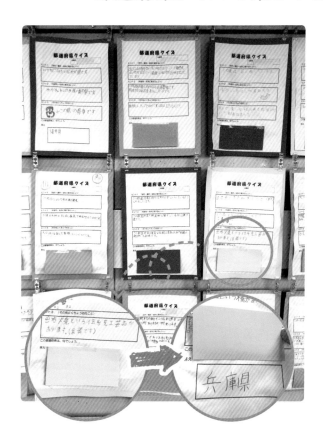

社会の授業で子どもたちが作成した都道府県クイズの掲示。一人一人違う都道府県を選ばせ、地方・地形、特産物・名所、その他の特徴の3つのヒントを調べて記入させ、さまざまな視点から各都道府県の特徴をつかむ学習を行いました。答えは画用紙で隠し、めくると正解がわかるしくみになっています。

POINT

作ったクイズを掲示して、ほかの子が出題したものに挑戦し、ほかの都道府県を知ることにつなげています。

☞日常的に英語に親しみコミュニケーションを取れる

外国語の授業

ねらい
- 英語の表現に興味をもち、意欲的にコミュニケーションを取れるようになる
- 相手を意識し、英語を使って自分の気持ちを伝えられるようになる

日常的に英語に親しむ環境をつくる

英語の学習で大切なのは、日常生活で英語に触れる機会を増やすことです。教室掲示はもちろんのこと、廊下や階段の掲示や、週に一度英語の歌を歌うなど、子どもが十分に英語に親しむ機会をつくりましょう。子どもが知っている英語が増えていくことで、授業での主体的な学びにつながります。

他教科との連携で英語教育の発展につなげる

英語の学習は、他教科との連携も可能です。たとえば、国語で英語の絵本の読み聞かせを行ったり、社会科で世界の国名を英語でも教えたり、学級活動で外国の子ども宛てに手紙を書いたりするなど、さまざまな方法が考えられます。発展的な英語教育には、学校単位での取り組みが大切です。

学級経営のヒント

フリーの掲示スペースを英語学習に活用

校内でフリーの掲示スペースや、空きスペースは英語の学習に活用してもよいでしょう。野菜や果物の名前のように、子どもが日常でよく使う言葉を英語で掲示しておけば、覚えた言葉を自主的に活用できるようになります。子どもが興味を引かれて掲示をよく見るように、カラフルな画用紙やイラストで見た目も楽しく仕上げましょう。

1時間の授業の流れを英語で示す

毎回、授業のはじめに授業で行うことを7ステップで説明し、子どもが授業に安心して取り組めるようにしています。Greetings（あいさつ）からはじまり、Today's Goalとしてその日のめあてを示します。また、Activityは、Practiceまでで練習した内容と関連させ、子どもが学びのつながりを感じながら行える活動を実施しています。

> **POINT**
> 決まった学習の流れをくり返すうちに、子どもはActivityで自分が使う単語を意識しながら学習するようになるなど、主体的な学びにつながります。

アイデア2

相手を意識したコミュニケーションのヒントを掲示

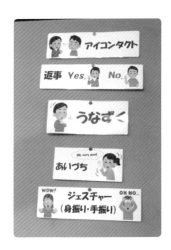

英語の学習で大切な「伝える」ための手段のひとつとして、ジェスチャーなどの方法を掲示でわかりやすく示しています。英語を話すときに、身振りを意識することで相手に伝わりやすくなるという指導をあわせて行っています。

> **POINT**
> 掲示の中で具体的なジェスチャーと言葉の例をいくつか挙げることで、実践しやすくなります。

アイデア3

階段掲示で日常に英語をプラス

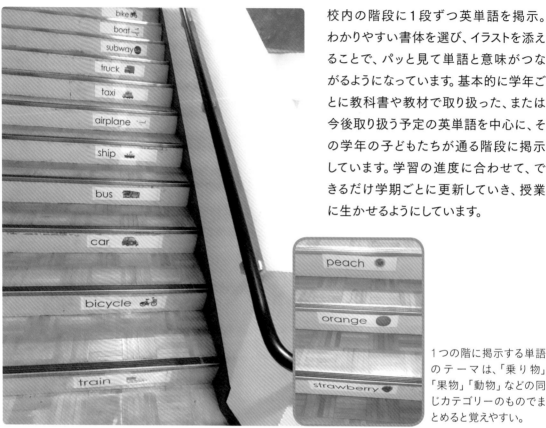

校内の階段に1段ずつ英単語を掲示。わかりやすい書体を選び、イラストを添えることで、パッと見て単語と意味がつながるようになっています。基本的に学年ごとに教科書や教材で取り扱った、または、今後取り扱う予定の英単語を中心に、その学年の子どもたちが通る階段に掲示しています。学習の進度に合わせて、できるだけ学期ごとに更新していき、授業に生かせるようにしています。

1つの階に掲示する単語のテーマは、「乗り物」「果物」「動物」などの同じカテゴリーのものでまとめると覚えやすい。

アイデア4

子どもが自主的に英語に触れるしくみ

全学年で共通して黒板横の掲示スペースに、月・曜日と天気の単語カードを掲示。日直の子どもに、朝教室に着いたら、その日の月・曜日と天気のカードを選び、磁石で黒板に貼るように指導しています。毎日の積み重ねで、自然に英語が身につくようにするための掲示です。カードの紛失や、順番に乱れがないか、こまめに確認しましょう。

触って楽しめる掲示で知的好奇心を刺激する

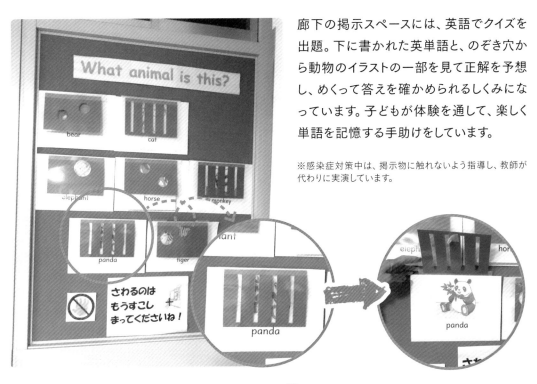

廊下の掲示スペースには、英語でクイズを出題。下に書かれた英単語と、のぞき穴から動物のイラストの一部を見て正解を予想し、めくって答えを確かめられるしくみになっています。子どもが体験を通して、楽しく単語を記憶する手助けをしています。

※感染症対策中は、掲示物に触れないよう指導し、教師が代わりに実演しています。

第4章　教科指導の掲示

英単語をたくさん覚えられるアルファベット掲示

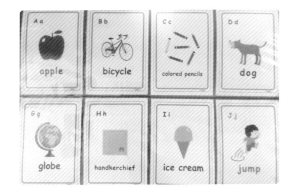

教室外の壁面に掲示している単語イラストカード。各学年に合わせた難易度のAからZまでのアルファベットで始まる26種類の単語を通年で掲示して、授業以外での英語の学習に役立てています。対象を視覚的にとらえる低学年の子にもよく見えるよう、イラストを大きくプリントしているのがポイントです。

POINT

「Aはappleだったね。Hは何だったかな?」などと子どもに声をかけて、わからないときは掲示を確認させてもよいでしょう。

☞造形的な視点で物事をとらえ表現できる豊かな感性・想像力を育む

図画工作の授業

 ねらい

- 画材や素材に親しみ、
  形や色をイメージして表現できる
- 自分や友達の作品の表現について考え、
  見方や感じ方を深めることができる

豊かな感性や想像力を育てる図画工作

図画工作の学習では、技術の上手・下手は関係ありません。子どもが対象をどのように感じ、どう表現したか、あるいはそのために努力したかに着目して指導します。子どもが、技術面で劣等感を抱くことがないよう、どの子にも、着眼点や製作の過程などをほめる声かけを心がけましょう。

作品を大切に扱い子どもと信頼関係を築く

教師が作品の保管や展示を行う際、必ずていねいに扱いましょう。子どもは、自分の作品を大切にされることで価値を感じ、自分も同じように扱うようになります。また、台紙やタイトル、展示方法などを工夫し、作品をより素敵に見えるようにすることで、子どもが特別感を感じられます。

 **学級経営の ヒント**

作品製作では人権的配慮のある指導を

授業での作品製作では、自由な発想を促しますが、主に人物を対象とする場合には人権的な配慮が必要です。耳、目、鼻、口、頭髪、眉毛、指などの描き残しや、顔に傷、怒りマークなどがないかを確認してください。完成間近になってからの指摘はNG。子どもは気がつかずにどんどん描いてしまうため、描き始めの段階でしっかりと確認しておきましょう。

アイデア **1**

彩り豊かな「たんけんカメラ」の作品展示

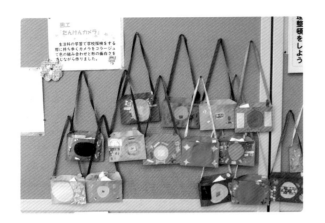

「わくわくどきどきしょうがっこう」として学校探検をした際に、校内の様子を撮影する「たんけんカメラ」を製作。いろいろな紙をコラージュし、色や形の組み合わせを楽しめる学習です。カメラの中には子どもが撮影した（描いた）絵と、感想が入っています。カラフルな作品の色のバランスを見ながら展示しています。

アイデア **2**

動きのある展示で作品の世界を表現

子どもたちが乗ってみたいものや行ってみたい場所を想像して書いた絵の展示。「〇〇にのってどこへいこう?!」とタイトルをつけ、廊下の掲示板と、天井からつるす形で展示。立体的な配置で、廊下の空間を使って子どもたちが作品鑑賞できるように工夫しています。

> **POINT**
> 作品の縦・横に配慮しながら、並びがきれいに見えるように展示しています。つるすことで、スペースを有効的に活用できます。

安全に作品製作に取り組むための「図工室のやくそく」

図工室の黒板に掲げている「図工室の
やくそく」の掲示。指示の聞き逃しがない
ように、作業の手をとめて先生の話を聞
くこと、作品や道具を大切に扱うこと、心
を込めて作品を作ることを指導していま
す。また、「刃物のやくそく」を壁面に掲示
し、刃物を扱うときは「人、もの、自分」
を傷つけないように注意を促し、用具の
安全な使用のためにも掲示を活用して
います。

POINT

毎回、授業はその日に行うことや、めあて
の説明から始めます。指示があるまでは、
道具に触らないことも徹底させましょう。

道具はしまう場所を決めて整理・整頓

製作に使用する道具は、それぞれにし
まう場所を作り、使用した後は同じ場
所に戻すように指導します。刃物が放
置されていると危険なので、授業のは
じめと終わりで道具の数が変わってい
ないか点検しましょう。道具をしまう場
所がわからなくならないように、ケース
にラベルを貼ったり、収納されている
状態の写真を貼り出しておいてもよい
でしょう。

☞ 主体的に問題の発見や解決に取り組む資質や能力を育てる
総合的な学習の時間

ねらい

- 自ら進んで問題を探求し、解決に向けて努力する力を身につける
- 友達や他学年の子ども、地域の人と協力して活動に取り組み、考察やまとめができる

教科学習の垣根を越えて社会に適応する人間性を養う

　総合的な学習の時間の目的は、子どもが主体的に学ぶ姿勢と問題解決能力を育てることです。教科の縛りがなく、各学校で独自の取り組みが行われることが多い科目です。どんなテーマで活動を行う場合も、指導面では子どもの興味関心を高める、課題発見・追究・解決へのプロセス、まとめ方をサポートすることを一貫して行いましょう。また、子どもが発案したテーマは積極的に取り入れていきましょう。

アイデア

主体的な問題の発見・解決能力を育む

活動中の子ども個人またはグループの話し合いや思考の過程、協働的な作業の場面などを、タブレットで映像として記録し、後日プロジェクターで全員に見せ、共有化を図ってもよいでしょう。その後、ほかの子どもやグループの活動のよさを取り入れるなどの話し合いを進めさせることで、思考を深め、発展させるための手助けになります。

POINT

行った取り組みや考察を個人・グループ内だけで終わらせないために、活動報告の掲示や、デジタル資料の掲示を利用して共有しましょう。

☞歌や演奏の音楽活動を通して表現力と感性を育む

音楽の授業

ねらい
- 音楽そのものやイメージ、背景などを理解し、楽しんで取り組める
- リズム、旋律、強弱、速度などの知識を身につけ、表現活動に生かすことができる

音楽表現の楽しさや喜びを味わえる授業を展開

音楽の授業では、積極的に歌や演奏に取り組める子もいれば、自信がなく消極的になる子もいます。低学年の学習では、のびのびと楽しめる学習を意識して、リズム遊びなどを取り入れ、歌いながら体を動かす活動を通して、音楽に親しみ、表現の喜びを感じさせるとよいでしょう。音楽への抵抗感をなくすことが大切です。

学習の進度に合わせて楽譜の掲示を変化させる

楽譜を読むのが苦手な子のために、五線と音符の位置を大きく掲示したり、小節の区切り方を図で示したりして、楽譜に対する抵抗感をなくしましょう。高学年には、曲調の変化に合わせて、楽譜にマークをつけて掲示し、くり返しなどの楽曲のしくみや構成についてもとらえやすくなる工夫をしましょう。

アイデア1

リズムを視覚化して表現の特徴をつかませる

「はくにのってリズムをうとう」の授業で、楽譜をデジタル画像で投影し、学習の補助としてリズムの打ち方をホワイトボードに示しています。四分音符を「たん」、四分休符を「うん」で色分けしてわかりやすく示し、リズムがくり返される構造を理解しやすくしています。掲示に合わせて拍をとり、リズムにのって歌う感覚を楽しめるようにしています。

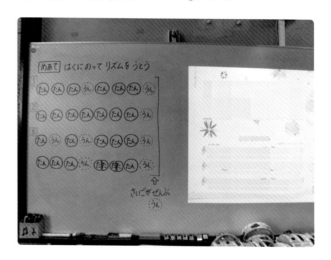

見ただけでリズムがわかる掲示

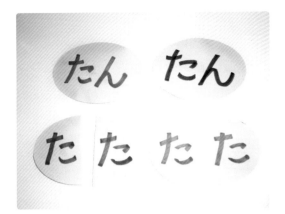

歌いながら、手、足、指、もものどこでリズムを打つのか、楽譜に貼って示すための掲示物。色分けして、ひと目でどこを打つかわかるようにしています。

四分音符「たん」は半分にすると「た」になり、ひとつの音符の半分の長さであるということを実感させるための視覚的な教材です。音を実感しながら身につけられます。

アイデア**3**

音楽的な記号や表現を掲示して
日常的に親しむ

授業で習う記号や音楽的な言葉を一覧にして掲示することで、授業中に自然に目に入り、子どもが感じ取ったり表現したりしたいことを音楽的な言葉で説明する際に活用できるようになります。音楽的な思考・判断・表現の学習に役立つ掲示です。

> **POINT**
>
> 表現を楽しむために、授業の説明でも、音楽的な表現や記号を積極的に用いて、学習内容との関連付けを行いましょう。

自分の生き方を考え、倫理観をもって社会と向き合う

道徳の授業

ねらい
- 良識をもって家族や友達とかかわり、多様な価値観を受け入れられる
- 差別や偏見のない思考を身につけ、思いやりのある関係が築ける

自分の道徳的考えを自覚し 違いを認め合える関係をつくる

道徳の時間では、物語教育などを介して、まずは子ども自身の意見を深く考えさせ、さらに友達の考えとの違いも実感させていきます。話し合い学習では、相手に対する否定的な表現を避け、相手の考えに理解を示す努力をするように指導していきましょう。

教師の設問を通して より深い思考につなげる

道徳の授業では、子どもたちの考えだけでは、話し合いが発展していかない場合があります。たとえば、「親切」について考えるとき、自分がよいと考えた行いが相手にとってもよいことなのか、視点を変えた問いを投げかけ、一度答えた子どもにも、再度深く考えさせましょう。

学級経営の**ヒント**

さまざまな表現方法を用いて子どもの考えを引き出す

道徳学習では、意見を言葉で表現しきれない子どもも見られます。あらかじめ感情を表すイラストカードを用意して選ばせたり、ワークシートにイラストを描かせたり、カラーリングをさせたりして、心の中を表現する方法をいくつか用意しましょう。それらを手掛かりに、教師やほかの子どもとのやり取りで考えを深めることにつなげていきます。

いつでも振り返りができる道徳コーナー

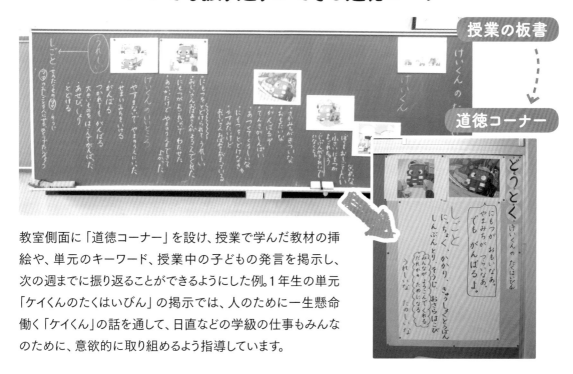

教室側面に「道徳コーナー」を設け、授業で学んだ教材の挿絵や、単元のキーワード、授業中の子どもの発言を掲示し、次の週までに振り返ることができるようにした例。1年生の単元「ケイくんのたくはいびん」の掲示では、人のために一生懸命働く「ケイくん」の話を通して、日直などの学級の仕事もみんなのために、意欲的に取り組めるよう指導しています。

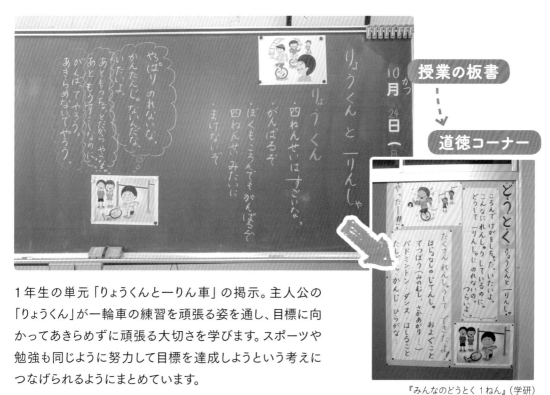

1年生の単元「りょうくんと一りん車」の掲示。主人公の「りょうくん」が一輪車の練習を頑張る姿を通し、目標に向かってあきらめずに頑張る大切さを学びます。スポーツや勉強も同じように努力して目標を達成しようという考えにつなげられるようにまとめています。

『みんなのどうとく1ねん』（学研）
ケイくんのたくはいびん（文：編集委員会、絵：K-SuKe）
りょうくんと一りん車（文：編集委員会、絵：はらだゆうこ）

道徳のねらいや学びの積み重ねがわかる掲示

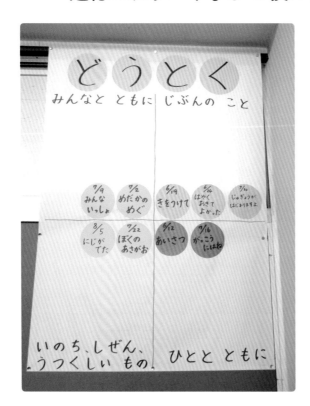

1年生の道徳で学習した教材名を、4つの柱に分類して掲示しています。道徳では、自分（子ども）の心の在り方や、身近な人、ほかの人、すべての自然や生命とのかかわり方を学びます。授業で学んだことが、どの観点の学びだったのかを、子どもたちが少しでも意識できるように、教材を分類・色分けして掲示しています。

POINT

学習が進むにつれて、掲示の空きが埋まっていき、子どもは学んだことが増えていく実感をもてます。授業の内容を思い出しながら、4つの分類ごとに整理して改めて考える機会にもつながります。

触れないコミュニケーションを掲示で示す

1年生の授業開きで行った掲示。感染症対策のため、相手に触れずにコミュニケーションを取ることを指導した例。「たっち（ハイタッチ）」「あくしゅ」「ぎゅ（くっつく）」は、今はできないけれど、「ことばでなかよし」「こころでなかよし」を大事にして、みんなで生活していこうと呼びかけています。合言葉にすることで、普段の学校生活の中で子どもへの確認もかんたんに行えます。

第5章

ユニバーサルデザインの掲示

近年では、子どもたちの生活・学習環境の実態に合わせて、あらゆる子どもの目線に立った掲示が求められています。困っている子どもの意見に寄り添う掲示の工夫を実践に取り入れましょう。

☞子どもが居心地のよい教室環境になる
ユニバーサルデザイン① 教室整備

ねらい
- 座席配置を工夫して、子どもが安心して授業を受けられるようにする
- 掲示の視覚的な刺激を抑えて授業に集中できるようにする

すべての子どもが過ごしやすい環境づくり

特別な支援を必要とする子に理解しやすく、それ以外のすべての子にも過ごしやすい環境づくりを目指したユニバーサルデザインの取り組みが注目されています。学級経営のユニバーサルデザインとしては、子どもが集中しやすい教室環境や生活環境の整備、見通しが立てられる予定の提示などが挙げられます。

必要な情報を必要なときに掲示する

ユニバーサルデザインで注意したいのは、掲示する情報量とタイミングです。教室内に常にたくさんの掲示を貼って情報を伝えようとしても、子どもはすべてを理解しきれません。そのときに伝えたい情報をわかりやすく簡潔にまとめて伝え、必要がないときには目に入らないようにする配慮が大切です。

学級経営のヒント 大きな声の刺激にも配慮した指導に

授業中のほかの子どもからの話しかけや、教室外部からの音への配慮は、座席の工夫や教師のこまめな指導によって調整します。しかし、子どもによっては、急に大きな声で発言するなど、声のボリューム調整がうまくできない子もいます。そんなときは、「声のものさし」（→p.36）などを活用し、掲示と言葉で説明しながら、場面に応じた声の出し方をくり返し指導していきましょう。

過ごしやすい座席選びの配慮

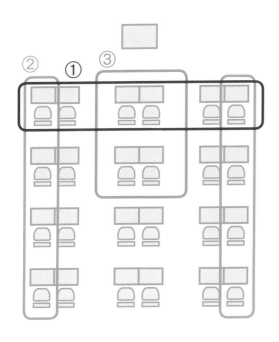

たとえば、下記のような子どもの特徴に合わせて席の配置を工夫することで、子どもが過ごしやすく、授業に集中できるようになります。

① 視力が弱い子を優先する。集中が途切れやすい子もここに配置して、気がそれているときは教師が声をかける。ほかの子に話しかけやすい子は、①の両端に配置して、私語をしているときはすぐに教師が注意をする

② 廊下や外の音が気になるなど、音に敏感な子の配置は避ける

③ 教師や黒板に近い席には、動くものに反応しやすい子、教師の指示を聞き逃しやすい子を配置する

教室前方の掲示を減らして刺激を抑える

授業以外は…

授業中は…

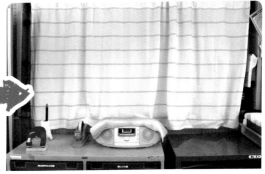

黒板や教室前方の掲示スペースにたくさんの掲示物があると、授業中に子どもの目に入ったときに、集中を妨げてしまう場合があります。常設する掲示物は背面や教室後方側面に掲示しましょう。教室前方の掲示スペースには、カーテンを取り付けて、授業中は閉めて目隠しをすることで、刺激を抑えるのも効果的です。

> **POINT**
>
> 正面黒板の掲示は磁石で貼り付けるものや、移動できるホワイトボードなどを利用し、授業中は視界に入らない場所にしまっておくとよいでしょう。

☞基本的な生活のルールを理解し行動できる

ユニバーサルデザイン② 生活

 ねらい

● 行動の手順や収納場所を掲示で明確にし、
迷わずに学校生活を送れるようにする
● 理想的な生活習慣を身につけ、
自発的に行動できる習慣をつける

目指す生活の行動を掲示で明確にする

支援が必要な子どもには、始業前や休憩時間など、教師から指示がないときに何をすればよいのかわからないこともあります。教師が常に見ていることは難しいので、基本的な生活の動きは掲示で補助していくとよいでしょう。生活環境のデザイン次第で、子どもの過ごしやすさは大きく変わります。

具体的な作業の流れを細かく視覚化して支援する

教師から指示を得ることではじめて動ける子や、一人ではできなくても、ほかの子がしていることをまねて行うことはできる子もいます。教師から子どもへの指示は、時間の区切りや必要なもの、状態、形状、作業の流れなどがわかる資料を提示しながら行うなど、より具体的にすることが求められます。

アイデア1

次の行動がわかる靴箱の掲示

何をする場所かわかるように「くつばこ」という文字にイラストを添えて掲示しています。靴を置いたら、教室に入る前に手を洗えるように子どもの目線に合わせた位置に「くつをおいたらてをあらいましょう」と掲示して、次の行動へ誘導しています。流れのある掲示で、スムーズに次の行動に移ることができます。

さまざまなことに活用できる「もの・場所」カード

活用例①

子どもたちが学校生活でよく使う「もの」や「場所」を写真やイラストで用意し、名前を記入してカードを作成しています。学校生活のあらゆる場面で、子どもに指示をするときに便利に使えます。口頭だけで伝えるよりも、文字やイラストで視覚的に伝えるほうが子どもは理解しやすい場合が多いです。あらかじめ用意しておくとよいでしょう。

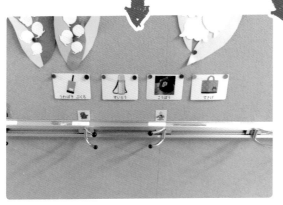

教室の側面にある荷物の収納場所を示す掲示。上履き袋、水筒、手提げ袋などのカードを掲示することで、見ただけで自分の荷物を自分で片付けられるように掲示しています。

子どもたちが朝教室に来てから、持ち物をカバンから出さずにそのままにしてしまわないよう、朝の支度の流れも掲示で指導しましょう（→p.102）。

活用例②

提出物を入れる箱に宿題と連絡帳のカードを貼った掲示。「しゅくだいていしゅつボックス」と文字だけで記載するより、写真をつけてより具体的に示すことで、理解できる子が多くなります。もののデザインの一致にこだわる子もいるので、写真を使う場合は、子どもたちが共通のデザインで使っているものを写真に撮るとよいでしょう。

自分でできる「あさのしたく」カード

始業前の準備を子どもが自分で行うための掲示。朝、靴箱に靴を入れるところから始まり、席に座るまでの流れを指示しています。朝の細かな行動を漏れなくすべて書き出し、順番に示すことで、教師が指示しなくても子どもが自分でできるようになります。

POINT

慣れるまでは、カードを見せながら、「次は何をするのかな?」などと言葉をかけ、カードを確認して行動する手順を覚えさせましょう。

見通しがもてるスケジュール提示の工夫

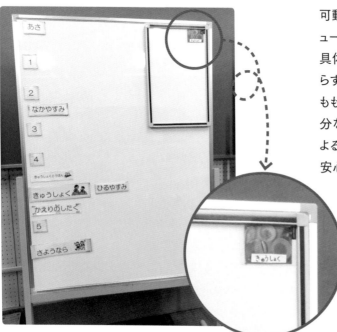

可動式のホワイトボードを使用したスケジュールの掲示。毎日、その日に行うことを具体的に記入しています。することがわからずに不安やとまどいを感じやすい子どもも、「いつ」「どこで」「何を」するのか十分な見通しがもてることによって、場面による気持ちの切り替えもスムーズになり、安心して行動をすることができます。

POINT

体育の着替えはいつするのか、給食は何を食べるのかなど、子どもが気にしていることはボードに記入して安心させてあげましょう。

アイデア**5**

理解しやすいシンプルな持ち物掲示

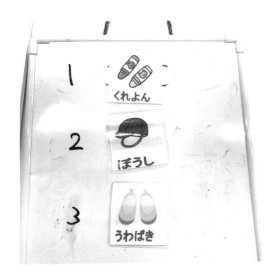

翌日の持ち物を確認するための掲示。1、2、3と番号を振って、必要なもののイラストカードを貼るだけの指示で、簡潔に、具体的に伝えています。指示を聞いても忘れてしまいやすい場合もあるので、掲示と合わせて一緒に連絡帳に記入するなどの指導を行いましょう。

POINT

低学年には、イラストを使った視覚的な支援が非常に効果的なことが多いです。

アイデア**6**

安心して生活できる写真入りの校内マップ

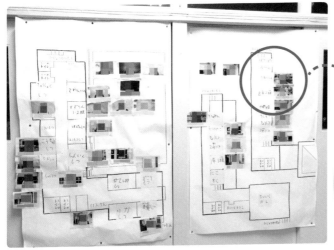

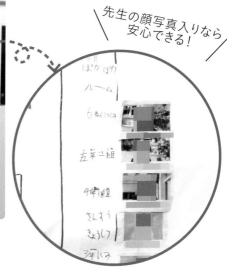

先生の顔写真入りなら安心できる！

子どもたちが生活する範囲の校内マップの掲示。学校探検を実施し、子どもが自分で「どこに」「誰が」いるかを確認して、地図を作りました。写真入りの地図を掲示しておくことで、いつでも確認でき、安心して学習したり、話したりしに行くことができるよう工夫しています。また、学校の全体図を見られることで、自分が生活を送っている場を把握でき、安心感をもって学校生活を送ることができるようにしています。

POINT

学校探検の学習のまとめとして、子どもたちが部屋の名前を書いたり、先生の顔写真を地図に貼ったりすることで、覚えやすくしています。

いつも机をきれいに並べられる工夫

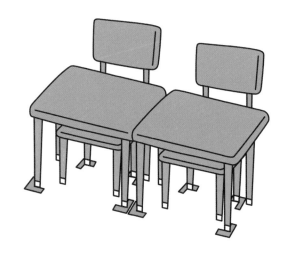

教室の机や椅子を正しい位置に整えるための掲示。机と椅子がきれいに並んでいる状態で、机と椅子それぞれの足の位置にテープでマークをつけておきます。子どもたちが帰る前に、毎回「机と椅子をマークの位置に揃えてね」と言うだけで、子どもが自分で正しい位置に整えられます。机の状態を常にきれいに整頓することで、子どもたちが集中できるようになります。

POINT

最初に行うときは教師がマークの位置に揃えるやり方を実践して見せることで覚えさせます。

いろいろな場面で役立つ足あとマーク

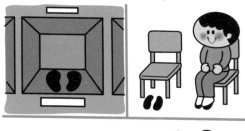

靴の位置を揃えて置くための掲示。子どもたちの足の大きさに切った足あとのマークをたくさん作っておき、靴箱の中に貼っておくと、そのマークに合わせて置くようになるので、自然に靴のかかとを揃えて置くことができます。ほかにも、トイレのスリッパを置く位置を指定したり、子どもの椅子の下に貼って、正しい姿勢で座れるようにしたり、さまざまなことに活用できます。

掃き掃除のコツがわかる工夫

子どもたちが自分で教室の掃き掃除をできるようにする掲示。複数の子どもで掃き掃除をするときに、それぞれ違う場所にごみを集めてしまわないよう、教室の後方にテープで四角形の囲いを作り、「ゴミ」と書きます。子どもたちに「ここにごみを集めてね」と指導すると、自然に1か所にごみが集まるようになります。子どもたちが掃除の流れを覚えるまで掲示しておきましょう。

☞子どもが自分の考えを伝えられる

ユニバーサルデザイン③ コミュニケーション

ねらい

● 子どもが聞き逃しなく、
　教師の指示を聞けるようにする
● 子どもが自分の考えや気持ちを伝えやすくし、
　教師と信頼関係を築けるようにする

子どもの様子を見て適切な声かけを行う

自己アピールが苦手な子どもは、周囲に自分の存在を認識してもらっていると実感することで安心感を得られます。グループ活動の時間や休み時間に机でじっとしている子はいないか、子どもたちの様子をよく観察しましょう。教師が子どもに積極的に声をかけ、温かい信頼関係を結ぶことが大切です。

対話以外の方法でのコミュニケーション手段を活用

急な予定の変更、子ども同士でのケンカやトラブルにより、不安や怒りを感じてなかなか心を落ち着けることができない子もいます。教師は対話だけではなく、掲示やイラストを使ったコミュニケーションを活用して、子どもの気持ちを整理させるなど、感情の起伏が激しい子とのかかわり方を工夫しましょう。

子どもとのやり取りはジェスチャーも活用

ユニバーサルデザインを意識した指導には、ジェスチャーを使うことも含まれます。教師が子どもと話すときに、「右・左」「高い・低い」「大きい・小さい」など、身振り手振りで表せることは、なるべくジェスチャーも交えて伝えるように意識しましょう。言葉、ジェスチャー、掲示、現物の見本などを活用して指示を出すことで、子どもの理解を深める助けになります。

大きい三角だよ

子どもの興味を引く「ちゅうもく」カード

子どもに話をする前に、注目を集めるために見せる掲示。子どもがほかの方向を見ていたり、ほかのことに夢中になっていたりすると、教師からの大事な連絡事項がうまく伝わらないことがあります。口頭で「静かにしなさい」「前を向きなさい」と言っても、従わない子も、カードを出して待つことで、子どもが興味を引かれて教師に注目するようになります。

POINT

「せんせいをみる」「しずかになるのをまっています」など、そのときの状況に応じて別の言葉で掲示を見せてもよいでしょう。

カードを使った
コミュニケーション

コミュニケーションカードの掲示。自己アピールが苦手な子でも、教師が遊びの種類を描いたカードを見せて「休み時間に何の遊びがしたい?」と聞くと、カードを選ぶことで自分の意思を表現することができます。カードを使ったやり取りで、子どもとの関係を深めるコミュニケーションを図れます。

気持ちの切り替えになる
やり取りの工夫

ホワイトボードを活用したコミュニケーション。パニックになったり、感情が高ぶったりしてなかなか次の行動に移れない子に、教師が話を聞きながら、ホワイトボードに書き出していきます。子どもは気持ちを視覚的に整理でき、一緒に考えた解決策を書くことで、次の行動へ移るための気持ちの区切りをつけられます。

第6章

クラスを豊かにする学級活動と掲示

子どもが安心して過ごせて、友達を思いやれるクラスの雰囲気をつくるには、教師の指導の在り方が問われています。子どもたちの人間的な触れ合いを支援して、温かい人間関係をつくれるような活動を取り入れましょう。

☞学級活動①

友達のよいところ探し

ねらい

● 学級の仲間のよいところを見つけ、認め合えるようにする
● 友達からほめてもらうことで自己肯定感を高める

子どもたちの心を育み 仲のよい学級をつくる

　学級全体をひとつにまとめるためには、子ども同士の関係づくりが大切です。子どもは、自分のよいところを誰かに認めてもらうことで、自信をもち、ほかの誰かにも同じように接することができるようになります。教師は、学級活動のレクリエーションなどを通し、相手を否定せず、肯定し合うコミュニケーションを推進しましょう。これを日常的に続けることで、互いに認め合い、信頼できる関係を築けます。

アイデア1

友達へ送るよいところカード

活動の進め方

①子どもがペアになり、お互いに相手のよいところを考え、ワークシートに記入する。教師は、よいところの数に差が生まれないよう、記入欄を2〜3個作り、全部埋めるように伝える。机間指導で子どもが傷つく内容でないか確認する。

②書き終わったら、ペア相手に向かって読み上げ、言われた子どもは「ありがとう」とお礼を言う。

③記入したワークシートは、教師が回収して内容を確認した後、教室に掲示し、その後子どもに渡す。

子どもは、周囲の友達から肯定的な評価を受けることで、自己有用感を高め、自分からも周りにお礼を言ったり優しく接するようになり、相互によい効果が生まれます。

帰りの会の「今日のキラキラさん発表」

活動の進め方

①帰りの会のプログラムに、「今日のキラキラさん発表」などを設ける。

②日直が、「今日のキラキラさんを発表してください」と言ったら、子どもたちが手を挙げ、その日の中で誰かに親切にしていた人、頑張っていた人などを発表し、クラス全員から拍手を送る。

③その内容を日直がメモに記録し、教師が「キラキラさんコーナー」に掲示する。報告されるのが同じ子どもばかりに集中しないよう、ときどき教師からも発表するなどしてバランスをとる。

毎日発表をするうちに、子どもは日頃から友達をよく観察し、頑張っている姿によく気づけるようになります。

ほめほめじゃんけんゲーム

活動の進め方

①ほめ言葉が出にくいときのために、「〇〇が上手」「〇〇をいっしょうけんめいやっていた」などのほめ言葉のヒントカードを用意し、黒板に掲示しておく。

②教室内で輪になるように広がり、隣同士の子どもがペアになる。じゃんけんをして、負けた子が勝った子のよいところを1つほめる。ほめられた子はお礼を言う。

③勝った子が時計回りに移動して、ペアを変えながらくり返す。

ペアを変えながら、普段交流がない子のこともほめる活動を通し、子どもたちの新しい交流が生まれます。

友達からの励ましがもらえる頑張りカード

活動の進め方

① 子どもたちを数人ずつのグループに分ける。

② 一人ずつワークシートにいま頑張っていることを3つ、なるべく詳しく書かせる（ワークシートは上部に記入欄を設け、下部は大きく余白を作っておく）。

③ グループ内でワークシートを交換し、友達の頑張りを読ませ、同じグループの子それぞれに宛てて、励ましのコメントを考えさせる。

④ 友達のワークシートの余白に励ましの言葉を書いた付箋を貼る。

頑張っている友達の健闘を称えることで、互いを認め合うことができます。また、さらに努力を重ね、やる気をアップさせることにもつながります。

気持ちが届くハッピーレターポスト

活動の進め方

① 朝、クラス全員の名前を書いた紙が入った箱を用意し、全員1枚ずつ引く。

② 引いた名前の人をよく観察し、3日後までにその人のよいところや、頑張っているところをワークシートに書く。

③ 書いたワークシートを、学級内のポストに投函する。教師が投函された手紙を確認し、郵便屋さんになる子どもを指名して、配達させる。

手紙を書く期間中に、子どもはどんな手紙が届くかワクワクドキドキしながら、誰かにほめられる行動をしようと努力するようになります。

みんなの頑張りが形になって表れる掲示

クラス全員で集めた、友達やクラスの「よいところ」の掲示方法も工夫しましょう。
アイデアをいくつか紹介します。

ハートで

1年生のクラスで、その日にあったよ
い出来事や、子どもの優しい言動を教
師がハートの形の紙に記録し、掲示し
ました。たくさんのハートが見やすいよ
うに背景を暗い色にしています。

花で

月ごとにカレンダーを大きくプリン
トしたものに、毎日5人分の頑張
ったことを記入した花の形の紙を
貼っていきます。1か月間でたくさ
んの花が咲き、子どもは達成感を
味わえます。

虹を作ろう

帰りの会の「友達のいいところ見つけ」コーナーで発表された内容を丸い形の紙に記入し、
アーチ形に貼っています。2段ずつで違う色の紙に変えていき、最終的に虹を作る活動になっ
ています。

☞ 学級活動②

友達の誕生日を覚える

ねらい

- 楽しみながらクラスの友達の誕生日を覚える
- 友達の誕生日を知り、祝い合うことで学級の
  居心地をよくする

自然に友達の誕生日を
祝える関係づくり

　クラスの雰囲気をよくするためには、早い段階での子ども同士の関係づくりが大切です。子どもたちは、普段の学校生活の中で、楽しいことやうれしいことを共有できる体験を通して、心を成長させていきます。授業開きで行うレクリエーションなどの機会に、自然にほかの友達の誕生日を覚えられるゲームなどを使って、子どもたちがお互いを思いやれる学級経営の第一歩を実践していきましょう。

アイデア

並んで楽しむバースデーチェーン

活動の進め方

①子どもたちを数人ずつのグループに分ける。「おしゃべりは禁止」というルールで、ジェスチャーでお互いの誕生日を伝え合う（教師が見本を見せる）。

②4月1日の誕生日の人から3月31日の誕生日の人の順で並び、並べたら座る。

③全員が座ったら、チーム内で誕生日を発表し、正しく並べたか確認する。一番早く、正確に座れたチームの勝ち。

この活動を終えてから、教室に全員の誕生日を掲示する（→p.30）と、定着しやすくなり、誕生日が近い子に声をかける子も増えてきます。

☞学級活動③
頑張り表彰式

ねらい

● 努力をしている子どもの頑張りを認め、自己肯定感を高める

● 達成感を味わい、新たな目標に向かうモチベーションを高めさせる

地道な頑張りを評価して、やる気を後押し

　子どもは、教師からほめられ、肯定的な評価を受けることで自信をもち、さらなる向上を目指すようになります。表彰状のように、形に残るものを受け取ると、言葉でほめられるよりもさらに喜びを感じ、今後の活動の励みにもなります。教師は、子どもたちそれぞれが学習面、生活面、そのほかにも多面的に毎日地道に頑張っている活動に目を向け、定期的にそれをほめる取り組みを行うようにしましょう。

アイデア

喜びが次の頑張りにつながる表彰式

活動の進め方

①月に1回程度、クラスで表彰式を行い、頑張っている子ども数人に手作りの表彰状を渡す。

②「元気にあいさつできたで賞」「スポーツ頑張り賞」「給食残さず食べたで賞」「毎日忘れ物しなかったで賞」など、その子どもに応じて頑張っていることを取り上げ、最終的にクラス全員がもらえるようにする。

子どもは表彰状が大好きなので、もらえた喜びで、自信をつけます。教師からは「次はこれも頑張ってね」などと次の目標をもてるようにアドバイスしましょう。

☞学級活動④
クラスのきまりごと

ねらい
- 集団生活を送るための規則を理解し、進んで守れるようにする
- クラスの仲間を尊重し、よりよい人間関係を築ける

クラスのみんなのために守る
ルールを示す

学級経営において、学級のルールづくりや、それを守ることは非常に重要です。教師は、子どもたちに学校生活の中で互いに気持ちよく暮らすことの必要性を理解させ、進んでルールを守るように促しましょう。ルールを決めるときは、教師が一方的に決めたり、一部の子と話して決めたりしてはいけません。必ず全員で話し合い、可決させることが必要です。学級目標と関連付けながら話し合うのも一案です。学級のルールは、子どもたちが覚えやすいよう簡潔に、わかりやすく示しましょう。そのための視覚的な支援として、掲示の活用も効果的です。

アイデア1

「クラスのきまり」で必要なことを簡潔に伝える

活動の進め方

①学級会で、クラスの問題点の話し合いを行い、どうすれば解決できるかを考えさせ、意見をまとめさせる。

②まとまった意見を、教師が簡潔な言葉で言い換えて「クラスのきまり」として掲示する。クラスで同じ問題が起こらないように、きまりを必ず守ることを子どもに伝える。

クラスのきまり
一．あいさつする
二．仲よくする
三．あきらめない

話し合いで問題点を考えさせることで、「おきて」が必要なルールであることを子どもたちが理解し、まじめに取り組むようになります。

やさしい言葉や行動につながる「ふわっと言葉」

活動の進め方

①学級会で友達に言われるとうれしい言葉の例を子どもに挙げさせる。反対に、言われると悲しい言葉や傷つく言葉の例も挙げさせて、それぞれ「ふわっと言葉」と「ちくっと言葉」と呼ぶことを説明する。

②「ちくっと言葉」で挙がった言葉は、相手を悲しませるため、言わないように指導する。

③「ふわっと言葉」で挙がった言葉は、子どもたちに短冊に書かせたりして、教師が掲示にまとめる。掲示を見せながら、「相手がうれしくなるふわっと言葉はもっとたくさん使おう」と伝える。

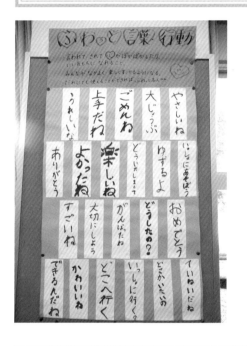

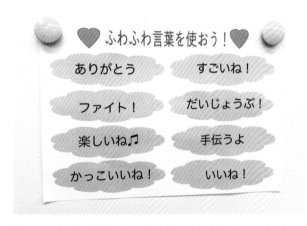

「ふわっと言葉」や「ふわふわ言葉」として掲示しておくことで、子どもたちが意識して言うようになります。子どもがこの言葉を使っているところを見かけたら、すかさずほめるようにするとさらに効果が高まるでしょう。

プラス ＋アイデア

教師からの明確なルールの提示も

教師が学級経営ルールを掲示で明確に示す場合もあります。「期待すること」として、思いやりや一生懸命など、子どもが自分からできるようになってほしいことを記載し、意識できるようにします。また、「叱ること」として、教師が子どもを叱る場合の理由をあらかじめ掲示することで、子どもに注意を促します。そして実際に叱る場面になったときにも、子どもはなぜ叱られたのかを理解でき、そのことを忘れずに次に生かすことができます。

☞ 学級活動⑤

教室美化

ねらい

● 掃除の時間以外にも教室を
　いつもきれいにすることを意識付ける
● クラス全員で協力して教室美化に努める

日常的に子どもたちに
気づきを促す

　教師は、毎日の学校生活の中で、子どもが小さな「気づき」を見逃さず、行動できるように指導しましょう。帰りの会の少しの時間を利用して、クラス全員で清掃に取り組むことで、子どもたちの意識が少し

ずつ変わっていきます。毎日教室内を見渡し、いつもきれいに整頓されていると過ごしやすいことに自然に気がつけるようになり、自発的にその状態を維持するようになります。

アイデア

20秒清掃でいつも教室がピカピカに

活動の進め方

①帰りの会の終わりに、教師が20秒に設定したタイマーを示して、「今から20秒の間に、教室の中を見渡して、乱れているところは整えてください。落ちているごみを見つけたら拾います。友達とぶつからないように気をつけてね。それでは、よーいスタート!」と言い、タイマーを押す。

②教師が口頭でも20秒数え、終わったら、「拾ったごみをごみ箱に捨てて帰りましょう。さようなら」と言って帰らせる。

1、2、3、4
・・・・・・

いつもより教室がきれいになっていると感じたら、必ずほめるようにします。乱れやすい場所はさりげなく指摘しておきましょう。

学級活動⑥

学級目標の振り返り

ねらい

● 定期的な振り返りで、目標に対する意識を高める
● 実際の活動と関連した具体的な目標達成の評価を得て、自信と達成感をもつ

振り返りでこれまでの活動に意味をもたせる

学期のはじめに作った学級目標が、それだけで終わりにならないよう、子どもたちとの振り返りを行いながら、実際の活動との関連付けを行いましょう。学期の終わりなどに、いままでのクラスの活動や行動の中で、学級活動と関連して達成できたことを探し、教師が認める流れを通して、子どもは学級目標に意義をもてるようになります。子どもたちの意識の中にいつも学級目標が浮かぶように活動を行いましょう。

アイデア

照らし合わせ作業で目標達成度が見える

活動の進め方

①学級会で、「友だちにやさしい」「笑顔がいっぱい」などの学級目標のキーワードを黒板に書き出す。子どもたちに、それぞれのキーワードについて、これまでのクラスの活動の中で達成できたと思うものをすべて挙げさせる。

②意見を書き出し終わったら、たくさん意見が上がったキーワードに、教師が花丸を描く。「みんなで決めた目標が、これだけ達成できました。素晴らしいですね」などと声をかける。

③花丸がついたエピソードを抜き出し、教室に掲示する。

学級目標がぼんやりとしたものにならないよう、「できた」例を明確にすることで、子どもたちの意識を達成に向けてひとつにすることができます。

☞学級活動⑦

先生との交流

対象学年　全学年

ねらい
- 教師と子どもがコミュニケーションを取れる居心地のよい学級にする
- 教師と子どもの信頼関係を築き、子どもが心を開けるようにする

教師が心を開くことで子どもの信頼を得る

子どもとのやり取りが事務的になっていると、子どもはなかなか自分の思いを伝えられるようになりません。日々のちょっとした会話でのコミュニケーションも大切です。まずは、教師が自分の心を開いて子どもに接し、歩み寄りましょう。毎日の声かけや、教師のことを知るためのゲームなどを通して、徐々に教師の思いを伝えていくことで、子どもが学校生活を楽しく、安心して過ごせるようになっていきます。

アイデア **1**

1日1メッセージのチェックシート

活動の進め方

①教師は、朝のあいさつや授業中、休み時間に、子どもの名前を呼んで声をかける。短い言葉でもよいので、必ず名前を呼ぶようにする。

②手が空いたときに、あらかじめ用意したチェックシートの声をかけた子どもの名前のところに印をつける。印がついていない子がいないか確認し、もしいたら帰りまでに声かけをする。

意図せず、特定の子どもとばかり話すことにならないよう、クラス全員とのコミュニケーションを大切にしましょう。

先生がうれしいことランキングを発表

活動の進め方

① 教師が学級の様子を見て、子どもたちがよい行動をしていたことを書き出し、ランキングをつける。内容は、子ども個人のことではなくクラス全体のことになるようにする。

② 「今日は、今月先生がうれしかったことを発表します」と言ってランキングを貼り出し、子どもたちの様子を確認しながら、よかった行動をほめ、今後への期待を伝える。

「そうじロッカーが整頓されていた」など、ささいなことでもかまいません。教師が子どもたちの行動をしっかり見ていることが伝わるようにします。

教師のことがわかる先生クイズ

活動の進め方

① 紙に「先生クイズ」と記し、マス目を書いてその中に「好きなたべもの」や「好きな色」「好きなどうぶつ」などの項目を書き出す。

② 黒板に貼り出して、「今からクイズをします。この中で先生について知っていることはあるかな?」と子どもに質問する。

③ 子どもたちが答えていき、当たったマス目に花を貼りながら、「ビンゴをたくさん出そう」と言う。わからない問題はヒントを出しながら進める。

学期はじめの自己紹介ですでに伝えた内容や、子どもが知らない情報も織り交ぜると、クイズが盛り上がります。教師の情報を伝えることで、普段の会話にも変化が出てきます。

☞学級活動⑧
クラスの思い出集め

ねらい

● 学級の思い出を振り返り、これまでの活動を総括する

● クラスで積み上げた思い出を形にして成長を実感し、さらなる飛躍につなげる

次の学年に向けてのまとめ活動で思い出を振り返る

3学期に入ったら、クラスのこれまでの活動をまとめ、学級終いに向けての取り組みを行っていきましょう。子どもたちは、これまでの学級活動を通して、話し合い活動にも慣れてきています。その成長をふまえ、子どもたちが自発的に思い出を集め、形に表せる活動を行いましょう。1年間の活動を自分たちの手でまとめ、充足感や温かい仲間意識をもちながら、次の学年へ向かえるようになります。

アイデア

総まとめができる思い出マインドマップ

活動の進め方

①グループごとに分かれ、模造紙を用意し、中心に「クラスの思い出」などと書く（タイトルは子どもが考えて決めてもよい）。

②そこから引き出して、子どもたちがそれぞれ思い出に残った活動名を記入していく。さらに引き出して、その活動でよかったことや頑張ったことを記入する。模造紙はつぎ足しできるように余分に用意しておく。

③教師は、記入された内容に誰かを傷つけるものがないか確認する。記入が終わったものを掲示し、ほかのグループの思い出マップも閲覧できるようにする。

マインドマップとしてまとめることで、今までとは違う視点で振り返りができ、新しい気づきが生まれます。グループによって全く異なる仕上がりになるので、完成後も比べて楽しめます。今後の活動への抱負まで書かせてもよいでしょう。

もっと活用したい！
掲示のアイデア

学校全体での取り組みの掲示や、学級内でのそのほかの掲示、
地域社会との交流の掲示などの実例をさらに紹介します。
学級経営に取り入れたいアイデアを探してみましょう。

在校生から新入生への お祝いメッセージ

2年生が、これから入学する1年生に向けて
「楽しい学校生活の姿」をテーマに描いた絵
を使ったお祝いのメッセージの掲示。絵の周
りをカラフルなお花の模様で飾り、1年生の教

室前の廊下の壁いっぱいに大きく掲示しまし
た。まだ緊張し、不安をもっている1年生がこ
れからの学校生活に期待をもてるようになる、
2年生からの贈り物です。

他学年との交流の 思い出を残す掲示

全校の子どもが参加し、他学年との交流を
する縦割り班活動が終わった後に、交流の
よさや楽しさを「おもいやりの星」として星
の形のカードに感想をまとめたものを掲示
しています。掲示時期の季節感に合わせた
天の川のイメージの掲示になっています。

幸せの気持ちで育てる
「こころの木」

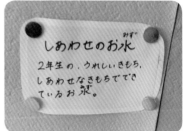

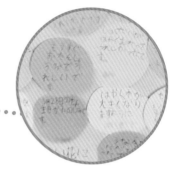

子どもたちが、学校生活の中でうれしかったことや幸せに感じたことがあれば、カードに書いてじょうろの掲示に貼っていきます。じょうろにカード（しあわせのお水）が増えてきたら、「こころの木」の葉っぱを増やしていきます。だんだん成長していき、じょうろが子どもたちのうれしい気持ちや幸せな気持ちでいっぱいになったら、きれいな花が咲く予定です。

雨の日でも
楽しめる
アイデア集め

雨の日の遊び方について、学級全体で話し合い、そこで決まったことについて、わかりやすく伝え、実行してもらうために掲示にまとめています。水滴の形でかわいく飾った掲示を見ているだけでも楽しくなってきて、雨の日が楽しみになります。

これまでの
学級活動の
足跡を残す掲示

1年生が、まだ慣れない学級活動が楽しくなっていくように、毎週行った活動内容を掲示しています。活動の足跡を残すことで、いままでの振り返りや積み重ねが目に見えるようになり、だんだん楽しみが増していきます。

最高学年の
自覚をもてる
目標の掲示

「できた」が
見える
目標の掲示

6年生が最高学年として自覚がもてるよう、「最高の最高学年になるために」として、一人一人がそれぞれの目標を考え、そのためにどのように取り組むかを考えて作った掲示です。真ん中のマスに目標を書き、残りの8つのマスはそれに向けた具体的な取り組みの目標や、チャレンジしたいことになっています。

毎月のクラス目標と、木のイラストを掲示し、目標を達成できた日は、子どもたちが木にシールを貼っていきます。目標を毎日達成できたら、木にたくさんの実がなり、「できた」ことを実感できるしくみになっています。

うれしい言葉と
エピソードの掲示

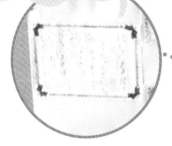

子どもが友達や家族に言われてうれしかった言葉と、そのときの様子を書いたものを掲示しています。友達のうれしかったエピソードを見て、自分も言えるようになったり、相手に思いやりをもてるようになってほしいという願いのこもった掲示です。

話型で示す
日本語教室の掲示

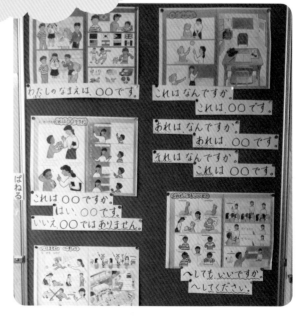

外国籍の子に向けて行っている日本語教室の掲示。ひらがな・カタカナの書き分けや文章の作り方、話型などについて、イラストを添えてわかりやすく掲示しています。具体的な場面イラストを使うと、言葉の壁がある子どもにも指導しやすくなります。

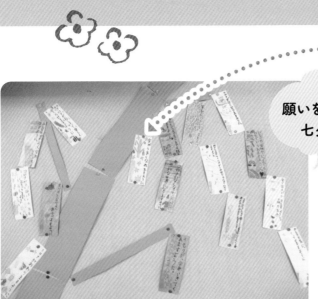

**願いを込めて書く
七夕の掲示**

七夕の時期に合わせて、子どもたちが短冊に願い事を書き、笹に見立てた掲示に貼りました。このときは、感染症の終息を願った内容が集まりました。1年間の掲示を通して、子どもたちが季節を感じられるように工夫しています。

**地域の方との
交流を楽しむ掲示**

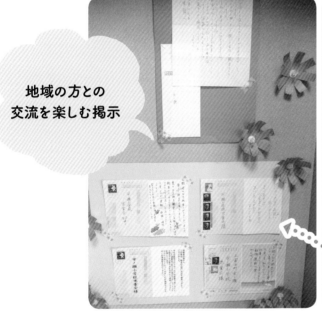

けいろうはがきの
おへんじがきました

子どもたちが敬老の日に合わせて、地域の方々へ宛てて手紙を書き、返信が届いたものを掲示しています。学校外の人とのかかわりは、子どもたちにとって新鮮に感じられます。地域の方と子どもたちが交流した足跡を残し、掲示を見ながら社会とのかかわりを学んでいます。

**子どもの
さまざまな興味を
引き出す掲示**

さまざまなものの大きさを比べる掲示。宇宙、地球、子どもの身長、ウイルスなど、スケールの違うものを例にとり、小数点の前後からの数字の数を比べて大きさの違いを実感できるようにデザインしています。子どもたちが廊下で通りがかりに気になって見たくなるようなテーマを考えてわかりやすくまとめ、子どもの興味関心を伸ばす試みを行っています。

**気軽に英語に触れられる
図書室の掲示**

図書室で掲示している英語の絵本のコーナー。子どもでも気軽に英語に触れられるように、絵本のみをまとめてコーナーを作っています。数人の子が興味をもって読み始めたら、図書室で掲示している「おすすめ本」のコメントを書かせて、ほかの子にも興味をもってもらうようにしてもよいでしょう。

CD-ROMを使う前に

付属のCD-ROMには、各ページのレイアウト見本、テンプレート、文例、イラストのデータが収録されています。レイアウト見本とテンプレートは、Microsoft Office Word(以下「Word」)上で、文字やイラストなどをさしかえることができます。ここでは、CD-ROMを使う前に注意してほしいことを説明します。

ご使用上の注意

本書に関する使用許諾

- 本書に掲載している掲示物、イラスト及び、付属のCD-ROMに収録されたデータの著作権・使用許諾権・商標権は、弊社及び著作権者に帰属します。
- 本書に掲載している掲示物、イラスト及び、付属のCD-ROMに収録されたデータは、営利目的での利用はできません。正規にご購入された個人または、法人・団体が営利目的ではない、私的な目的(学校内での利用や自宅などでの利用)で利用する場合のみ、ご使用できます。
- 付属のCD-ROMのご使用により生じた損害、障害、その他のいかなる事態にも、弊社及びデータ作成者は一切の責任を負いません。

イラストについて

- 付属のCD-ROMに収録されている画像データは、PNG形式で、解像度は300dpiです。
  ※PNG形式は、JPEG形式とほとんど変わりませんが、透過されているので、ほかの画像や文字を組み合わせるときに便利です。ただし、イラストによって、ラインのギザギザが目立つものがありますので、ご了承ください。
- イラストデータは、200%以上に拡大すると、ラインがギザギザする場合がありますので、ご了承ください。
- カラーの掲示物やイラストは、パソコンの環境やプリンタの設定等により、印刷した色調が、本書に掲載している色調と多少異なる場合があります。

動作環境

- 付属のCD-ROMは、下記のOSに対応しています。
  Windows 8、10
- このCD-ROMは、上記OSが、工場出荷時からインストールされているパソコンを対象としています。
- 収録されているテンプレートは「Microsoft Office Word 2013」で作成し、文書形式で保存してあります。お使いのOSやアプリケーションのバージョンによっては、レイアウトが崩れる可能性がありますので、あらかじめご了承ください。

注意事項

- 付属のCD-ROMは、音楽ＣＤではありませんので、オーディオプレーヤーで再生しないでください。
- 付属のCD-ROMの裏面に傷をつけると、データが読み取れなくなる場合がありますので、取り扱いには十分ご注意ください。
- 付属のCD-ROMに収録されているデータについてのサポートは行っておりません。
- 付属のCD-ROMをご使用いただくには、お使いのパソコンにCD-ROMドライブ、またはCD-ROMを読み込めるDVD-ROMドライブが必要です。

テンプレートの使い方

ここでは、テンプレートの使い方を説明します。テンプレートはすべて、ファイル名の最後に「w」がついています。ここでは、Windows10でWord2019を使った手順を紹介します。

※お使いのパソコンの動作環境によって、操作の流れや画面表示が異なる場合がありますが、ご了承ください。

編集してみよう　p137_01w、p139_01w、p141_01wで、操作方法を紹介します。

テンプレートでできること

タイトル
タイトルをクリックすると、画像ボックスが表示され、ほかのタイトル文字にさしかえができます。（→p.130〜132）

イラスト
イラストをクリックすると、画像ボックスが表示されます。移動したり、ほかのイラストにさしかえができます。（→p.131〜132）

背景やワク
背景やワクをクリックすると、画像ボックスが表示されます。ほかの背景やワクにさしかえができます。（→p.131〜133）

文字
文字をクリックすると、テキストボックスが表示されます。文字を入力したり、フォントを変えたりすることができます。（→p.130）

Word2019の画面を確認

ここでは、Word2019を使った場合の画面の見方を確認しておきましょう。

クイックアクセスツールバー
よく使う機能を登録できます。スムーズに操作ができるように、活用しましょう。

ヘルプ
Wordの操作でわからないことを、調べることができます。

リボン
タブごとに、関連した操作一覧が表示されます。

タブ
Wordの機能を、大きくいくつかに分けて表示しています。

タイトルバー
ファイルのタイトルが表示されます。

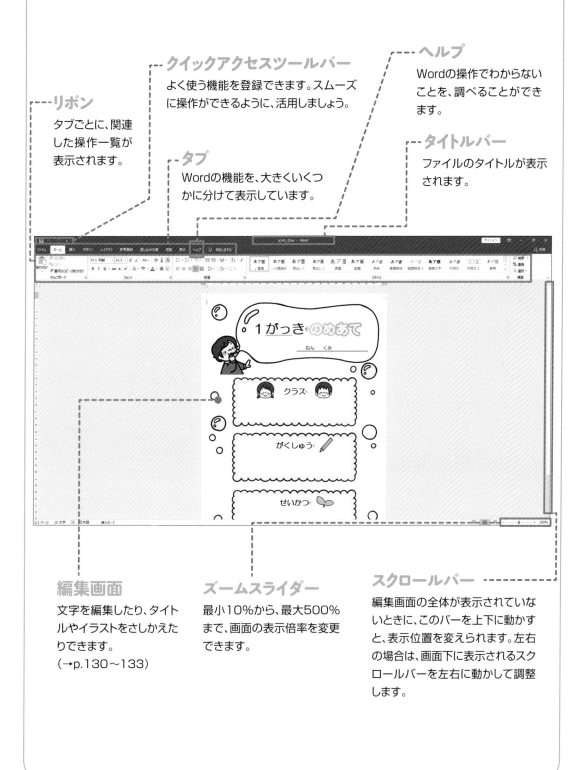

編集画面
文字を編集したり、タイトルやイラストをさしかえたりできます。
（→p.130〜133）

ズームスライダー
最小10%から、最大500%まで、画面の表示倍率を変更できます。

スクロールバー
編集画面の全体が表示されていないときに、このバーを上下に動かすと、表示位置を変えられます。左右の場合は、画面下に表示されるスクロールバーを左右に動かして調整します。

文字を変えてみよう

テキストボックスの見方

文字をクリックすると、下記のように文字の周りにテキストボックス（点線の枠）が出てきます。

ハンドル

☛拡大縮小に

ハンドルにマウスポインタを合わせると、**あ**のマークが出ます。そこをクリックしてドラッグすると**い**のマークに変わるので、そのままドラッグすると、大きさを変更できます。

カーソル

テキストボックス

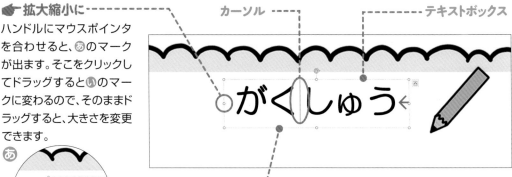

☛移動のときに

この枠にマウスポインタを合わせると、**う**のマークが出ます。そのままクリックしてドラッグすると（**え**）、テキストボックスを移動できます。

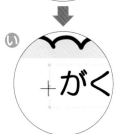

クリックしたままマウスを動かします。

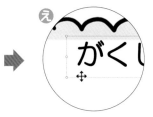

クリックしたまま
マウスを動かします。

書式を変更

「ホーム」タブ内にある操作ボタンで、いろいろな変更ができます。よく使うものを紹介します。

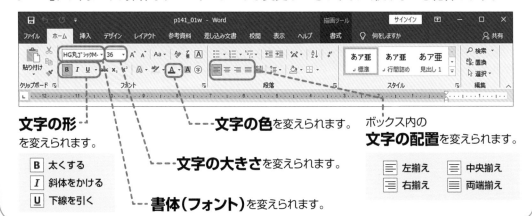

文字の形
を変えられます。

文字の色を変えられます。

ボックス内の
文字の配置を変えられます。

B	太くする
I	斜体をかける
U	下線を引く

文字の大きさを変えられます。

書体（フォント）を変えられます。

≡ 左揃え	≡ 中央揃え
≡ 右揃え	≡ 両端揃え

画像をさしかえてみよう

画像ボックスの見方

画像のさしかえ方法は、タイトル、数字、ワク、カット、背景について同様となります。ここでは、カットとワクを使って説明します。カットをクリックすると、下図のような画像ボックスが出てきます。

回転ハンドル

👉 回転させるときに

回転ハンドルにマウスポインタを合わせると、あのマークが出ます。そのままクリック→ドラッグして（い）、左右に動かすと、回転できます。

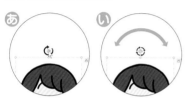

ハンドル

👉 拡大縮小のときに

ハンドルをクリック→ドラッグして動かすと、テキストボックスと同様に、画像を拡大縮小できます。（p.130「テキストボックスの見方」参照）

なお、画像ボックスの場合、四隅のハンドルを使って拡大縮小をすると、左右と上下が同じ比率で拡大縮小できます（え）。

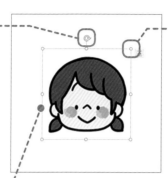

👉 移動のときに

画像のどこかをクリックすると、画像ボックスと一緒に、この枠が出ます。この枠内をクリック→ドラッグすると（う）、移動できます。

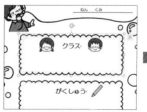

画像のさしかえ

① 変更したい画像を消す

変更したい画像をクリックして、画像ボックスを表示させたら、「ホーム」タブの「切り取り」ボタン（マウスの右クリックからも出ます）をクリックすると消えます。

※文字を削除する要領で、キーボードの「Delete」か「Back Space」キーを押しても消せます。

クリックして選択。

画像を切り取る。

② さしかえる画像を選んで挿入する

「挿入」タブ→「画像」→「画像の挿入元」で「このデバイス」をクリックすると、ファイルの選択画面が出るので、さしかえたいカットを選びます。「挿入」ボタンを押すと、カットが挿入されます。

アイコンを画像表示にできます。

下図のように、右側に画像を表示できます。

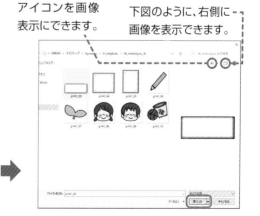

③ 挿入された画像を動かせるようにする

挿入した画像は、ページの一番上に配置されます（あ）。
このままでは、画像は動かせません。カットを選択して
（背景の背面に入ってしまった場合は、一部見えている
部分をクリックすれば選択できます）、「書式」タブ→
「文字列の折り返し」から、「前面」を選ぶ（い）と画像が
動かせるようになります。

※Word97-2003を使う場合は、まず画像を選択し、右クリックで出たメ
ニューから「図の書式設定」を選びます。

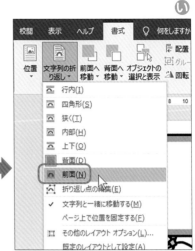

④ ずれを直して配置を調整

③で「前面」を選択すると、一時的に画像がずれることがあります（う）。そういうときは、画像をクリッ
クし、画像を入れたい場所までドラッグします（え）。このとき、画像がテキストボックスの上にのって
いるので、③と同様にして、「書式」タブ→「文字列の折り返し」から、「背面」を選んで配置を調整しま
す（お）。サイズを調整する場合は、p.131の「拡大縮小のときに」の方法で、ハンドルを操作して画像
を拡大縮小します（か）。

※画像を選択して、右クリック→「最背面へ移動」でもできます。画像の上にテキストボックスやイラストなどが複数のるときはこの方
法が便利です。

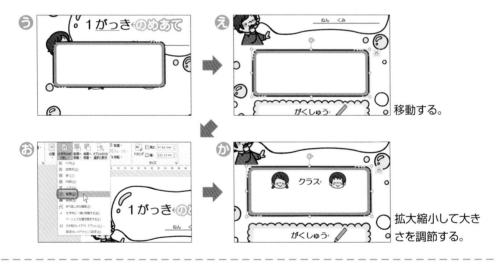

移動する。

拡大縮小して大き
さを調節する。

ドラッグして挿入

画像データを、フォルダから直接
Wordの画面にドラッグしても、挿
入して配置することができます。

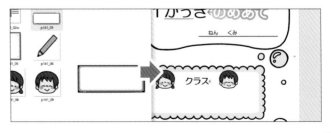

画像の数を追加

① 画像とテキストボックスをコピーして追加する

ここでは、画像とテキストボックスを同時に追加します。「Shift」キーを押しながら、画像ボックスとテキストボックスをクリックすると、画像とテキストボックスを同時に選択できます。そのまま、「ホーム」タブ→「コピー」→「貼り付け」で追加します。

画像とテキストボックスを同時に選択する。

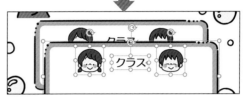

コピーして貼り付ける。

② 画像とテキストボックスの大きさを調整する

画像が増えてスペースが狭いときは、上下の幅を縮小するなどして、大きさを調整します。大きさが決まったら、①と同様にして、テキストボックスと画像を同時に選択し、そのままドラッグして位置を調整します。

画像の幅を調整する。

画像の位置を調整する。

背景のさしかえ

ここでは、「p140_01w」の背景をさしかえる方法を紹介します。背景のさしかえも、画像のさしかえとほぼ同様です（→p.131）。背景をさしかえることで、前面にのっているワクやイラストの位置がずれてしまったときは、ずれた画像を選択してドラッグし、正しい位置へ移動させます。

さしかえ前

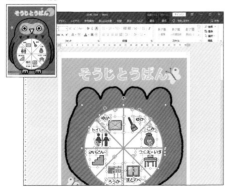

画像が背景の後ろになってしまったら

画像やワクなどが背景の後ろになってしまったときは、背景を選択して、右クリック→「最背面へ移動」を選ぶと、背景が一番後ろになります。

※背景の上にのるワクやイラストを選択して前面にしたいときは「最前面へ移動」を選びます。

データの出力

CD-ROMに収録されている掲示物やイラストカットのデータは、文字やイラストを変更できるテンプレートデータ（.docx）と、そのまま出力して使う画像データ（.png）があります。ここでは、pngデータの出力方法を紹介します。

出力しよう　ここでは、「p148_01」で操作方法を紹介します。

画像を印刷

❶ ファイルを開いて印刷を選ぶ

印刷したいpngファイルを選び、右クリック→「印刷」を選びます。

一度に複数の画像を印刷したいときは、「Ctrl」キーを押しながら、印刷したいファイルを選び、右クリック→「印刷」を選ぶ。

❷ 出力形式を選ぶ

印刷プレビューが表示されるので、確認しながら印刷のサイズやレイアウトを決めます。

印刷イメージが確認できます。

印刷部数を選びます。

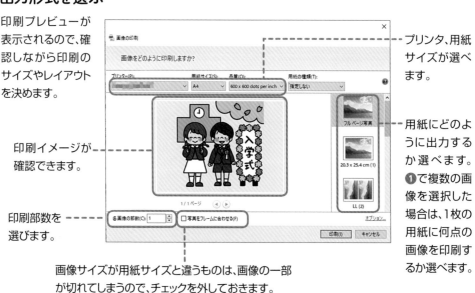

プリンタ、用紙サイズが選べます。

用紙にどのように出力するか選べます。❶で複数の画像を選択した場合は、1枚の用紙に何点の画像を印刷するか選べます。

画像サイズが用紙サイズと違うものは、画像の一部が切れてしまうので、チェックを外しておきます。

Wordに貼り付けて印刷

① Wordファイルに挿入する

pngファイルを開いて印刷するだけだと、決まったサイズでしか出力できません。好きな大きさで印刷したいときは、白紙のWordファイルを開き、「挿入」タブ→「画像」→「画像の挿入元」で「このデバイス」をクリックすると、ファイルの選択画面が出るので、印刷したい画像を選んで「挿入」をクリックします。画像が挿入されたら、画像をクリックし、角のハンドルを動かして好きな大きさに拡大縮小し、印刷します。

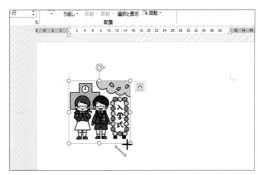

② 画像を並べて印刷する

①で大きさを調整した画像を複数印刷したいときは、p.133と同様に画像をコピーして貼り付けると、一度に複数の画像を並べて印刷できます。また、新たに別の画像を挿入して同時に印刷することもできます。

CD-ROMの構成

付属のCD-ROMには、カテゴリフォルダ→項目フォルダの順番で、データを収録しています。

kyousitu

📁 01_keijibutu　教室掲示物

- 📁 01_tanjyou_4c【p.136 誕生月カード】
- 📁 01_tanjyou_1c【p.136 誕生月カード】
- 📁 02_nicchoku_4c【p.137 日直当番表】
- 📁 02_nicchoku_1c【p.137 日直当番表】
- 📁 03_kakari_4c【p.138 係メンバー表】
- 📁 03_kakari_1c【p.138 係メンバー表】
- 📁 04_kyuushoku_4c【p.139 給食当番表】
- 📁 04_kyuushoku_1c【p.139 給食当番表】
- 📁 05_souji_4c【p.140 掃除当番表】
- 📁 05_souji_1c【p.140 掃除当番表】
- 📁 06_mokuhyou_4c【p.141 めあて・目標】
- 📁 06_mokuhyou_1c【p.141 めあて・目標】
- 📁 07_jikan_4c【p.142 時間割表】
- 📁 07_jikan_1c【p.142 時間割表】
- 📁 08_title【p.143 タイトルカード】
- 📁 09_asanokai_4c【p.144 朝の会・帰りの会】
- 📁 09_asanokai_1c【p.144 朝の会・帰りの会】
- 📁 10_yobikake【p.145 よびかけポスター】
- 📁 11_yakudatu【p.146-147 役立つポスター】

📁 02_cut　イラストカット

- 📁 kisetu_4c【p.148-151 季節と行事】
- 📁 kisetu_1c【p.148-151 季節と行事】
- 📁 gakushuu_4c【p.152-155 学習】
- 📁 gakushuu_1c【p.152-155 学習】
- 📁 seikatu_4c【p.156-159 生活】
- 📁 seikatu_1c【p.156-159 生活】

誕生月カード

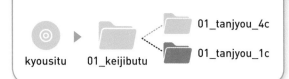

kyousitu ▶ 01_keijibutu ── 01_tanjyou_4c / 01_tanjyou_1c

誕生日の子どもの名前や日付を記入して掲示しましょう。

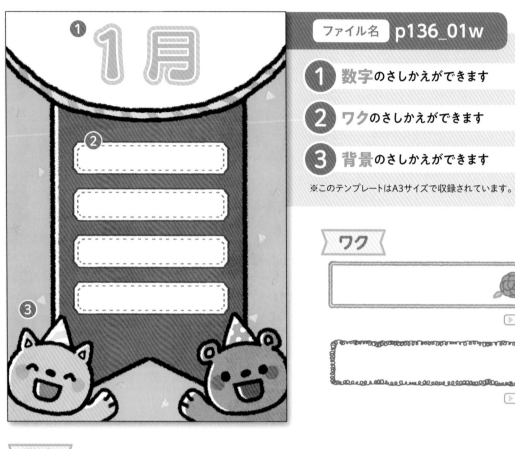

ファイル名 p136_01w

① **数字**のさしかえができます

② **ワク**のさしかえができます

③ **背景**のさしかえができます

※このテンプレートはA3サイズで収録されています。

ワク

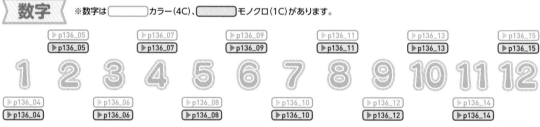

▶p136_02

▶p136_03

数字

※数字は ▭ カラー(4C)、▭ モノクロ(1C)があります。

▶p136_05 ▶p136_05	▶p136_07 ▶p136_07	▶p136_09 ▶p136_09	▶p136_11 ▶p136_11	▶p136_13 ▶p136_13	▶p136_15 ▶p136_15
1	2	3	4	5	6	7	8	9	10	11	12

▶p136_04 ▶p136_04	▶p136_06 ▶p136_06	▶p136_08 ▶p136_08	▶p136_10 ▶p136_10	▶p136_12 ▶p136_12	▶p136_14 ▶p136_14

背景

▶p136_16

▶p136_17

▶p136_18

日直当番表

日直の仕事をまとめて掲示できます。

にっちょくのしごと

① にっちょくのしごと

② ③ まどあけ ④

あさのかいのしかい

こくばんけし

かえりのかいのしかい

まどしめ

⑤

ファイル名 p137_01w

1 タイトルのさしかえができます

2 ワクのさしかえができます

3 文字を入力できます
※お持ちのフォントをお使いください

4 カットのさしかえができます

5 背景のさしかえができます

※このテンプレートはB5サイズで収録されています。

タイトル

日直のしごと ▷ p137_02

日直の仕事 ▷ p137_03

ワク

▷ p137_04

▷ p137_05

背景

▷ p137_06

カット

※カットは ☐ カラー(4C)、☐ モノクロ(1C)があります。

 ▷ p137_07 ▶ p137_07

▷ p137_08 ▶ p137_08

 ▷ p137_09 ▶ p137_09

 ▷ p137_10 ▶ p137_10

係メンバー表

係仕事のメンバーや内容を記入して掲示できます。

kyousitu → 01_keijibutu → 03_kakari_4c / 03_kakari_1c

ファイル名 p138_01w

1 文字を入力できます
※お持ちのフォントをお使いください

2 タイトルのさしかえができます

3 カットのさしかえができます

4 背景のさしかえができます

※このテンプレートはB5サイズで収録されています。

タイトル

かかり
▶p138_02

係
▶p138_03

カット

※カットは ▢カラー(4C)、▢モノクロ(1C)があります。

▶p138_04
▶p138_04

▶p138_05
▶p138_05

▶p138_06
▶p138_06

▶p138_07
▶p138_07

▶p138_08
▶p138_08

▶p138_09
▶p138_09

背景

▶p138_10

▶p138_11

▶p138_12

給食当番表

給食当番の担当の仕事が確認できる当番表です。

ファイル名 p139_01w

1 **タイトル**のさしかえができます

2 **カット**のさしかえができます

3 文字を入力できます
※お持ちのフォントをお使いください

4 **背景**のさしかえができます

※このテンプレートはB5サイズで収録されています。

使い方

「p139_01w」の3〜4ページにある7分割、8分割の
ワクとさしかえができます。
数字が入った円は、好みの大きさに拡大して使用で
きます。

❶「p139_01w」の1
ページ目と2ページ目
を別々に印刷します。
❷番号のワクを丸く切り
抜きます。
❸ワクを中心に合わせて
画びょうなどでとめま
す。給食当番のロー
テーションに合わせて
ワクを回して使えます。

タイトル

給食当番
▶p139_02

背景

▶p139_03

カット

※カットは [___]カラー(4C)、[___]モノクロ(1C)があります。

▶p139_04
▶p139_04

▶p139_05
▶p139_05

▶p139_06
▶p139_06

▶p139_07
▶p139_07

▶p139_08
▶p139_08

▶p139_09
▶p139_09

▶p139_10
▶p139_10

▶p139_11
▶p139_11

掃除当番表

kyousitu ▶ 01_keijibutu ⟨ 05_souji_4c / 05_souji_1c

掃除当番の班と担当場所がひと目でわかる当番表です。

ファイル名 p140_01w

1 タイトルのさしかえができます

2 カットのさしかえができます

3 文字を入力できます
※お持ちのフォントをお使いください

4 背景のさしかえができます

※このテンプレートはB5サイズで収録されています。

使い方

「p140_01w」の3〜4ページにある6分割、7分割のワクとさしかえができます。
数字が入った円は、好みの大きさに拡大して使用できます。

❶「p140_01w」の1ページ目と2ページ目を別々に印刷します。
❷番号のワクを丸く切り抜きます。
❸ワクを中心に合わせて画びょうなどでとめます。掃除当番のローテーションに合わせてワクを回して使えます。

タイトル

掃除当番　▶ p140_02

背景

▶ p140_03

カット

※カットは □カラー(4C)、□モノクロ(1C)があります。

▶ p140_04
▶ p140_04

▶ p140_05
▶ p140_05

▶ p140_06
▶ p140_06

▶ p140_07
▶ p140_07

▶ p140_08
▶ p140_08

▶ p140_09
▶ p140_09

▶ p140_10
▶ p140_10

▶ p140_11
▶ p140_11

▶ p140_12
▶ p140_12

めあて・目標

学期、年間のめあてや目標を記入して掲示できます。

ファイル名	p141_01w

1 文字を入力できます
※お持ちのフォントをお使いください

2 ワクのさしかえができます

3 カットのさしかえができます

※このテンプレートはB5サイズで収録されています。

ファイル名	p141_02w

1 文字を入力できます
※お持ちのフォントをお使いください

2 ワクのさしかえができます

3 カットのさしかえができます

※このテンプレートはB5サイズで収録されています。

ワク

▶ p141_03

▶ p141_04   ▶ p141_05

カット

※カットは □カラー（4C）、 □モノクロ（1C）があります。

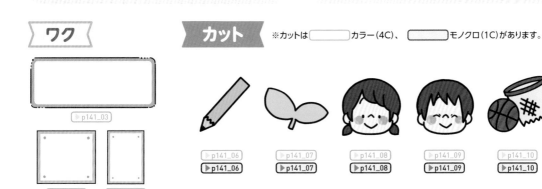

▶ p141_06   ▶ p141_07   ▶ p141_08   ▶ p141_09   ▶ p141_10
▶ p141_06   ▶ p141_07   ▶ p141_08   ▶ p141_09   ▶ p141_10

掲示物

掃除当番表／めあて・目標

141

時間割表

1週間分の時間割を入力して掲示できます。

ファイル名 p142_01w

1 タイトルのさしかえができます

2 カットのさしかえができます

3 文字を入力できます
※お持ちのフォントをお使いください

4 背景のさしかえができます

※このテンプレートはB5サイズで収録されています。

タイトル

時間割　▶ p142_02

時間割表　▶ p142_03

背景

▶ p142_04

▶ p142_05

カット

※カットは□□□カラー（4C）、
□□□モノクロ（1C）が
あります。

▶ p142_06　▶ p142_06

▶ p142_07　▶ p142_07

▶ p142_08　▶ p142_08

タイトルカード

掲示物のタイトルを表示するカードです。好みの文字を入力できます。

「p143_01w」〜「p143_07w」には文字を入力できます　※お持ちのフォントをお使いください

ファイル名　p143_01w

※このテンプレートはB5の1／3サイズで収録されています。

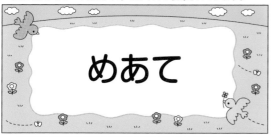

めあて

ファイル名　p143_02w

※このテンプレートはB5の1／3サイズで収録されています。

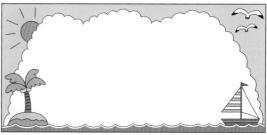

ファイル名　p143_03w

※このテンプレートはB5の1／3サイズで収録されています。

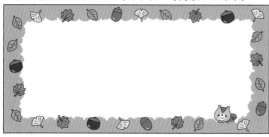

ファイル名　p143_04w

※このテンプレートはB5の1／3サイズで収録されています。

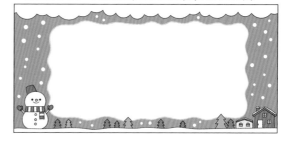

ファイル名　p143_05w

※このテンプレートはB5の1／3サイズで収録されています。

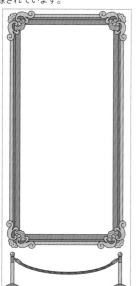

ファイル名　p143_06w

※このテンプレートはB5の1／3サイズで収録されています。

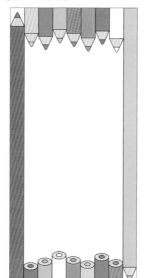

ファイル名　p143_07w

※このテンプレートはB5の1／3サイズで収録されています。

掲示物

時間割表／タイトルカード

朝の会・帰りの会

kyousitu ▶ 01_keijibutu ⟨ 09_asanokai_4c / 09_asanokai_1c

朝の会・帰りの会のプログラムをまとめて掲示できます。

朝の会

- はじめのことば
- 朝のうた
- スピーチタイム
- けんこうかんさつ
- 先生のはなし

ファイル名 p144_01w

1 **タイトル**のさしかえができます

2 **ワク**のさしかえができます

3 **文字を入力できます**
※お持ちのフォントをお使いください

4 **カット**のさしかえができます

5 **背景**のさしかえができます

※このテンプレートはB5サイズで収録されています。

タイトル

あさのかい ▶p144_02

帰りの会 ▶p144_03

かえりのかい ▶p144_04

ワク

▶p144_05

▶p144_06

背景

▶p144_07

カット ※カットは ☐カラー(4C)、☐モノクロ(1C)があります。

▶p144_08
▶p144_08

▶p144_09
▶p144_09

▶p144_10
▶p144_10

▶p144_11
▶p144_11

よびかけポスター

kyousitu ▶ 01_keijibutu ▶ 10_yobikake

生活での注意をよびかけるポスターです。そのまま掲示して使えます。

| ファイル名 | p145_01 |

※このポスターはB5サイズで収録されています。

| ファイル名 | p145_02 |

※このポスターはB5サイズで収録されています。

| ファイル名 | p145_03 |

※このポスターはB5サイズで収録されています。

役立つポスター

学習のときに役立つポスターです。そのまま掲示して使えます。

※このポスターはB5サイズで収録されています。

※このポスターはB5サイズで収録されています。

※このポスターはB5サイズで収録されています。

※このポスターはB5サイズで収録されています。

※このポスターはB5サイズで収録されています。

掲示物

役立つポスター

季節と行事

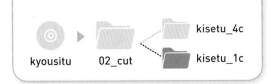

kyousitu → 02_cut → kisetu_4c / kisetu_1c

▼ 入学式 ▶p148_01 ▶p148_01

▼ 入学・進級 ▶p148_02 ▶p148_02

▼ 始業式・終業式 ▶p148_03 ▶p148_03

▼ 桜の木 ▶p148_04 ▶p148_04

▼ たんぽぽ ▶p148_05 ▶p148_05

▼ チョウチョとテントウムシ ▶p148_06 ▶p148_06

▼ ウグイスと桜 ▶p148_07 ▶p148_07

▼ モグラとつくし ▶p148_08 ▶p148_08

▼ こいのぼりと柏餅 ▶p148_09 ▶p148_09

▼ 交通安全教室 ▶p148_10 ▶p148_10

▼ 梅雨 ▶p148_11 ▶p148_11

▼ カタツムリとあじさい ▶p148_12 ▶p148_12

※[　　　]はカラー（4C）、[　　　]はモノクロ（1C）です。

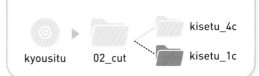

kyousitu　▶　02_cut　→　kisetu_4c
→　kisetu_1c

☑ 七夕　▶p149_01　▶p149_01

☑ 織姫・彦星　▶p149_02　▶p149_02

☑ ひまわり　▶p149_03　▶p149_03

☑ 水着　▶p149_04　▶p149_04

☑ 花火　▶p149_05　▶p149_05

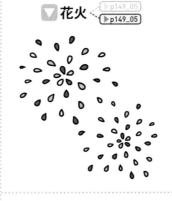

☑ スイカ　▶p149_06　▶p149_06

☑ 海　▶p149_07　▶p149_07

☑ 夏休み　▶p149_08　▶p149_08

☑ かき氷とアイス　▶p149_09　▶p149_09

☑ カブトムシとクワガタ　▶p149_10　▶p149_10

☑ 熱中症　▶p149_11　▶p149_11

☑ 夏祭り　▶p149_12　▶p149_12

カット集　季節と行事

※ □はカラー（4C）、□はモノクロ（1C）です。

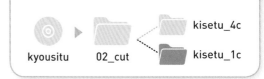

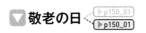 敬老の日 ▶p150_01 ▶p150_01

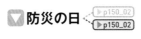 防災の日 ▶p150_02 ▶p150_02

 お月見 ▶p150_03 ▶p150_03

 読書週間 ▶p150_04 ▶p150_04

秋の味覚 ▶p150_05 ▶p150_05

運動会 ▶p150_06 ▶p150_06

音楽発表会 ▶p150_07 ▶p150_07

リスと木の実 ▶p150_08 ▶p150_08

ハロウィン ▶p150_09 ▶p150_09

赤とんぼ ▶p150_10 ▶p150_10

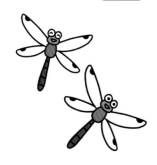

遠足 ▶p150_11 ▶p150_11

紅葉とイチョウ ▶p150_12 ▶p150_12

※ ◯はカラー(4C)、 ◯はモノクロ(1C)です。

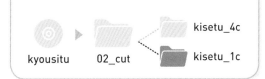

kyousitu ▸ 02_cut — kisetu_4c
　　　　　　　　　　　 — kisetu_1c

▽ クリスマスリースと
プレゼント … ▷p151_01 / ▷p151_01
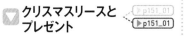

▽ サンタクロースと
トナカイ … ▷p151_02 / ▷p151_02
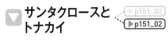

▽ 手袋・マフラー … ▷p151_03 / ▷p151_03
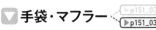

▽ 雪と雪だるま … ▷p151_04 / ▷p151_04
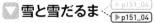

▽ 羽子板・羽・コマ … ▷p151_05 / ▷p151_05

▽ 凧あげ … ▷p151_06 / ▷p151_06
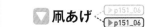

▽ 鏡餅 … ▷p151_07 / ▷p151_07

▽ かきぞめ … ▷p151_08 / ▷p151_08

▽ 豆まき … ▷p151_09 / ▷p151_09

▽ ひなまつり … ▷p151_10 / ▷p151_10

▽ 卒業式 … ▷p151_11 / ▷p151_11

▽ 卒業証書と桜の花 … ▷p151_12 / ▷p151_12
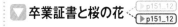

カット集

季節と行事

※ □ はカラー（4C）、□ はモノクロ（1C）です。

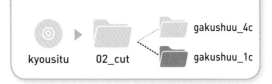
kyousitu　02_cut　gakushuu_4c / gakushuu_1c

▼書道 ▶p152_01 ▶p152_01

▼作文 ▶p152_02 ▶p152_02

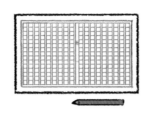

▼音読 ▶p152_03 ▶p152_03

▼国語辞典と教科書 ▶p152_04 ▶p152_04

▼計算 ▶p152_05 ▶p152_05

▼数字と記号 ▶p152_06 ▶p152_06

▼算数用具 ▶p152_07 ▶p152_07

▼実験道具 ▶p152_08 ▶p152_08

▼観察 ▶p152_09 ▶p152_09

▼植物の観察 ▶p152_10 ▶p152_10

▼実験 ▶p152_11 ▶p152_11

▼地図 ▶p152_12 ▶p152_12

※　　　　はカラー（4C）、　　　　はモノクロ（1C）です。

kyousitu　02_cut　gakushuu_4c　gakushuu_1c

▼ 歴史　p153_01　▶p153_01

▼ 地球儀　p153_02　▶p153_02

▼ 工場見学　p153_03　▶p153_03

▼ 歌　p153_04　▶p153_04

▼ リコーダーの演奏　p153_05　▶p153_05

▼ 鍵盤ハーモニカ　p153_06　▶p153_06

▼ ピアノの演奏　p153_07　▶p153_07

▼ 合奏　p153_08　▶p153_08

▼ 音楽の記号　p153_09　▶p153_09

カット集

学習

▼ 鉄棒　p153_10　▶p153_10

▼ 準備運動　p153_11　▶p153_11

▼ なわとび　p153_12　▶p153_12

※ □ はカラー（4C）、□ はモノクロ（1C）です。

153

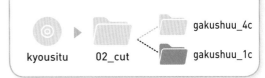

kyousitu ▶ 02_cut ⟶ gakushuu_4c

⟶ gakushuu_1c

🔽 かけっこ ◁ p154_01 / p154_01

🔽 ダンス ◁ p154_02 / p154_02

🔽 工作 ◁ p154_03 / p154_03

🔽 お絵かき ◁ p154_04 / p154_04

🔽 工作道具 ◁ p154_05 / p154_05

🔽 クレヨンと色鉛筆 ◁ p154_06 / p154_06

🔽 道徳の話し合い ◁ p154_07 / p154_07

🔽 道徳心 ◁ p154_08 / p154_08

🔽 調理 ◁ p154_09 / p154_09

🔽 裁縫 ◁ p154_10 / p154_10

🔽 英語の先生 ◁ p154_11 / p154_11

🔽 英語学習 ◁ p154_12 / p154_12

※ ☐ はカラー（4C）、☐ はモノクロ（1C）です。

kyousitu ▶ 02_cut ┄ gakushuu_4c
gakushuu_1c

▼ 挙手 ▶p155_01 ▶p155_01

▼ ドリル ▶p155_02 ▶p155_02

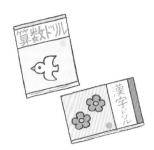

▼ 授業 ▶p155_03 ▶p155_03

▼ 発表 ▶p155_04 ▶p155_04

▼ 筆記用具 ▶p155_05 ▶p155_05

▼ 質問 ▶p155_06 ▶p155_06

▼ 先生（男性） ▶p155_07 ▶p155_07

▼ 先生（女性） ▶p155_08 ▶p155_08

▼ 校長先生 ▶p155_09 ▶p155_09

▼ 宿題 ▶p155_10 ▶p155_10

▼ パソコン学習 ▶p155_11 ▶p155_11

▼ はかせ ▶p155_12 ▶p155_12

※ ［　　　　　］はカラー（4C）、［　　　　　］はモノクロ（1C）です。

生活

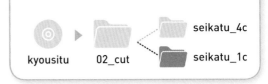

kyousitu → 02_cut → seikatu_4c / seikatu_1c

▼ 学校 ▶p156_01 / ▶p156_01

▼ トイレ ▶p156_02 / ▶p156_02

▼ あいさつ ▶p156_03 / ▶p156_03

▼ 怒る ▶p156_04 / ▶p156_04

▼ 笑う ▶p156_05 / ▶p156_05

▼ 泣く ▶p156_06 / ▶p156_06

▼ 驚く ▶p156_07 / ▶p156_07

▼ 暑い ▶p156_08 / ▶p156_08

▼ 寒い ▶p156_09 / ▶p156_09

▼ 上級生と下級生 ▶p156_10 / ▶p156_10

▼ 仲良し ▶p156_11 / ▶p156_11

▼ ケンカ ▶p156_12 / ▶p156_12

※ [   ]はカラー（4C）、[   ]はモノクロ（1C）です。

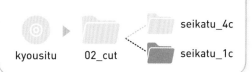

▼お弁当 ▸p157_01 ▸p157_01

▼読書 ▸p157_02 ▸p157_02

▼話し合い ▸p157_03 ▸p157_03

▼休み時間 ▸p157_04 ▸p157_04

▼水やり ▸p157_05 ▸p157_05

▼餌やり ▸p157_06 ▸p157_06

▼掃除 ▸p157_07 ▸p157_07

▼掃除用具 ▸p157_08 ▸p157_08

▼給食当番 ▸p157_09 ▸p157_09

▼給食 ▸p157_10 ▸p157_10

▼バッグ ▸p157_11 ▸p157_11

▼雨の日 ▸p157_12 ▸p157_12

kyousitu ▸ 02_cut ◂ seikatu_4c / seikatu_1c

カット集

生活

※ ⬜ はカラー(4C)、⬜ はモノクロ(1C)です。

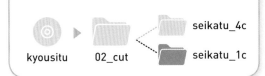

kyousitu ▶ 02_cut ─ seikatu_4c

seikatu_1c

🔻 うがい ▸ p158_01 ▸ p158_01

🔻 歯ブラシ ▸ p158_02 ▸ p158_02

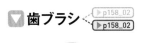

🔻 寝る ▸ p158_03 ▸ p158_03

🔻 起きる ▸ p158_04 ▸ p158_04

🔻 身だしなみチェック ▸ p158_05 ▸ p158_05

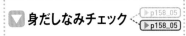

🔻 朝ご飯 ▸ p158_06 ▸ p158_06

🔻 夜ふかししない ▸ p158_07 ▸ p158_07

🔻 虫歯 ▸ p158_08 ▸ p158_08

🔻 マスク ▸ p158_09 ▸ p158_09

🔻 熱を測る ▸ p158_10 ▸ p158_10

🔻 距離をあける ▸ p158_11 ▸ p158_11

🔻 換気する ▸ p158_12 ▸ p158_12

※ [　　　]はカラー（4C）、[　　　]はモノクロ（1C）です。

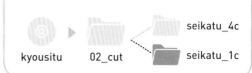

kyousitu　02_cut　seikatu_4c / seikatu_1c

▽ 風邪 ▶p159_01 ▶p159_01

▽ ばい菌 ▶p159_02 ▶p159_02

▽ 心の悩み ▶p159_03 ▶p159_03

▽ 応急手当 ▶p159_04 ▶p159_04

▽ 地域交流 ▶p159_05 ▶p159_05

▽ トロフィー ▶p159_06 ▶p159_06

▽ 身体測定 ▶p159_07 ▶p159_07

▽ 歯科検診 ▶p159_08 ▶p159_08

▽ 予防接種 ▶p159_09 ▶p159_09

▽ 授業参観日 ▶p159_10 ▶p159_10

▽ 防犯 ▶p159_11 ▶p159_11

▽ 避難訓練 ▶p159_12 ▶p159_12

※ [　　　] はカラー（4C）、[　　　] はモノクロ（1C）です。

監修者

鈫持 勉（けんもち・つとむ）

東京都出身。福島県の高校教諭、東京都の小学校教諭を務め、その後荒川区教育委員会、東京都教育委員会、教職員研修センターなど行政職として13年、国立市、小金井市で校長職として９年、東京学芸大学特任教授、帝京科学大学教育人間科学部幼児保育学科教授などを歴任。現在、教育評論家、板書のプロ、教員採用試験アドバイザーとして活躍し、明海大学客員教授を務める。専門分野の国語教育のほか、学校経営・学級経営の研究を行い、学級担任の資質向上を目指した取り組み、若手教員の人材育成に尽力している。著書に『プロの板書』（教育出版）『小学校教師のための学級経営365日のパーフェクトガイド』（明治図書出版）などがある。

イラスト

〈カバー・本文〉 とみたみはる・aque
〈CD-ROM〉 たけだあおい
かねこみほ
YUU
秋野純子

STAFF

カバー・本文デザイン　松田剛・伊藤駿英・石倉大洋
（株式会社 東京100ミリバールスタジオ）
CD-ROMデータ作成　株式会社エムツークリエイト
編集協力　株式会社童夢
校　　正　有限会社玄冬書林
編集担当　齋藤友里（ナツメ出版企画株式会社）

取材協力

荒川区立ひぐらし小学校

荒川区立第六瑞光小学校
校長 佐野実
副校長 関川浩
池田俊平
河波友記
壁谷すみれ
吉田奈菜子
田中裕太
安永育美
渡辺邦彦
宮内武史
木村百合花
福間友子
加野剛志
篠美季
菊池あずさ

お茶の水女子大学附属小学校
山賀愛

葛飾区立北野小学校
永田量子

葛飾区立細田小学校
校長 森内昌也

葛飾区立南綾瀬小学校
森本響子

新宿区立四谷第六小学校
副校長 岡千恵
鈴木美咲

杉並区立八成小学校
村松眞希菜

世田谷区立千歳台小学校
萩原健人

帝京科学大学
田口直子

長野県辰野町立辰野西小学校
佐藤愛美

西東京市立東小学校
光田由佳

和歌山県串本町立串本小学校
校長 山路和彦
教頭 伊藤義昭
熊代紀保
清野真生子
水上貴光
海野菜々子

和歌山県上富田町立市ノ瀬小学校
校長 辻岡直樹
田渕元子
内川葉月
岩本知子
福田絢子
泉翔太郎
木村悠馬
左巴祐里
城敦子

本書に関するお問い合わせは、書名・発行日・該当ページを明記の上、下記のいずれかの方法にてお送りください。電話でのお問い合わせはお受けしておりません。
・ナツメ社webサイトの問い合わせフォーム
https://www.natsume.co.jp/contact
・FAX（03-3291-1305）
・郵送（下記、ナツメ出版企画株式会社宛て）
なお、回答までに日にちをいただく場合があります。正誤のお問い合わせ以外の書籍内容に関する解説・個別の相談は行っておりません。あらかじめご了承ください。

CD-ROM付き
学級経営にすぐに生かせる！　教室掲示 実践アイデア集

2021年3月29日　初版発行
2022年7月10日　第2刷発行

監修者　鈫持 勉　　Kenmochi Tsutomu, 2021
発行者　田村正隆

発行所　株式会社ナツメ社
東京都千代田区神田神保町1-52 ナツメ社ビル1F（〒101-0051）
電話　03-3291-1257（代表）　FAX　03-3291-5761
振替　00130-1-58661
制　作　ナツメ出版企画株式会社
東京都千代田区神田神保町1-52 ナツメ社ビル3F（〒101-0051）
電話　03-3295-3921（代表）
印刷所　図書印刷株式会社

ISBN978-4-8163-6994-0　　Printed in Japan

価格はカバーに表示してあります。落丁・乱丁本はお取り替えします。
本書の一部または全部を著作権法で定められている範囲を超え、ナツメ出版企画株式会社に無断で複写、複製、転載、データファイル化することを禁じます。

ナツメ社Webサイト
https://www.natsume.co.jp
書籍の最新情報（正誤情報を含む）はナツメ社Webサイトをご覧ください。